프랑스 고전시 선집

Anthologie de la Poésie française classique

한국 시인 친구들을 위한 작은 책

(Opuscule destiné à nos amis poètes coréens)

프랑스 한불문화교류센터 후원

**Sous le parrainage du
Centre d'Echanges Culturels Franco-Coréens
en France**

프랑스 고전시 선집

Anthologie de la Poésie française classique

장-샤를 도르주 (JEAN-CHARLES DORGE) 편저
김진하 (KIM Jin-ha) 옮김

신아사

Table des matières

Préface / 8

Poésie française classique

Introduction / 12

1. Généralités sur l'art poétique français dans ses formes classiques / 16

2. Trois formes fixes principales dans la Poésie classique française / 24

- **Le Sonnet** / 26

  François Coppée - Ruines du cœur / 28
- **La Ballade** / 30

  Clément Marot - Chant de Mai et de Vertu / 32
- **Le Rondeau** / 36

  Alfred de Musset - A Madame la Comtesse T / 38

3 - Sélection de poèmes classiques français à travers les siècles / 40

Christine de Pisan - L'Amant / 44

François Villon - Ballade des Dames du temps jadis / 48

Clément Marot - De la jeune dame qui a vieil mari / 52

Jean Passerat - J'ai perdu ma tourterelle / 54

Louise Labé - Je vis, je meurs ; je me brûle et me noie / 56

Joachim du Bellay - France, mère des arts, des armes et des lois / 58

Pierre de Ronsard - Quand vous serez bien vieille, au soir, à la chandelle / 60

Jean de La Fontaine - La laitière et le pot au lait - / 62

차례

서문 / 9

프랑스 고전시

서론 / 13

1. 개요 : 고전 형식 안에 있는 프랑스 시의 시학에 대하여 / 17

2. 프랑스 고전시의 주요한 세 가지 형식 / 25

– 소네트 / 26

프랑수아 코페(1842 - 1908) - 마음의 폐허 / 29

– 발라드 / 31

클레망 마로(1497 - 1544) - 5월과 미덕의 노래 / 33

– 롱도 / 37

알프레드 드 뮈세(1810 - 1857) - 백작부인 T.에게 / 39

3. 수 세기에 걸친 프랑스 고전시에서 뽑은 작품(다양한 종류의 정형시) / 41

크리스틴 드 피장(1364 - 1431) - 애인 / 45

프랑수아 비용(1431 - 1463) - 옛 시절 귀부인들에 대한 발라드 / 49

클레망 마로(1497 - 1544) - 늙은 남편을 둔 젊은 부인 / 53

장 파스라(1534 - 1602) - 멧비둘기를 놓쳤네 / 55

루이즈 라베(1524 - 1566) - 살다가 죽다가 불타고 물에 빠지고 / 57

조아셍 뒤 벨레(1522 - 1560) - 프랑스, 예술과 군사력과 법률의 조국 / 59

피에르 드 롱사르(1524 - 1585) - 그대가 아주 늙어 저녁마다 촛불 아래서 / 61

장 드 라퐁텐(1621 - 1695) – 우유 파는 아낙과 우유 단지 / 63

André Chénier - À Fanny / 66
Marceline Desbordes - Valmore - Les roses de Saadi / 70
Alphonse de Lamartine - L'automne / 72
Gérard de Nerval - Vers dorés / 76
Alfred de Musset - À George Sand (III) / 78
Victor Hugo - Clair de lune / 80
Victor Hugo - Elle était déchaussée, elle était décoiffée … / 82
Victor Hugo - Demain, dès l'aube / 84
Théophile Gautier - Sérénade / 86
Charles - Marie Leconte de Lisle / Lydia / 88
Théodore de Banville - Conseil / 90
Sully Prudhomme - Le vase brisé / 92
José - Maria de Heredia - Antoine et Cléopâtre / 94
Charles Baudelaire - Harmonie du soir / 96
Charles Baudelaire - L'albatros / 98
Stéphane Mallarmé - Brise marine / 100
Paul Verlaine - Chanson d'automne / 102
Arthur Rimbaud - Le dormeur du val / 104
Paul Valéry - Les Pas / 106
Guillaume Apollinaire - Le Pont Mirabeau / 108
Jean - Charles Dorge - Savoir - vivre / 112

Les mots du traducteur / 114

앙드레 셰니에(1762 - 1794) - 파니에게 / 67
마르슬린 데보르드 - 발모르(1786 - 1859) - 사아디의 장미 / 71
알퐁스 드 라마르틴(1790 - 1869) - 가을 / 73
제라르 드 네르발(1808 - 1855) - 황금의 시 / 77
알프레드 드 뮈세(1810 - 1857) - 조르주 상드에게 (3) / 79
빅토르 위고(1802 - 1885) - 달빛 / 81
빅토르 위고(1802 - 1885) - 그녀는 맨발에 헝크러진 머리로… / 83
빅토르 위고(1802 - 1885) - 내일 새벽 동트자 마자 / 85
테오필 고티에(1811 - 1872) - 세레나데 / 87
샤를 - 마리 르콩트 드 릴(1818 - 1894) - 리디아 / 89
테오도르 드 방빌(1823 - 1891) - 조언 / 91
쉴리 프뤼돔(1839 - 1907) - 깨어진 꽃병 / 93
조제 - 마리아 드 에레디아(1842 - 1905) - 안토니우스와 클레오파트라 / 95
샤를 보들레르(1821 - 1867) - 저녁의 조화로움 / 97
샤를 보들레르(1821 - 1867) - 알바트로스 / 99
스테판 말라르메(1842 - 1898) - 바다의 미풍 / 101
폴 베를렌(1844 - 1896) - 가을 노래 / 103
아르튀르 랭보(1854 - 1891) - 골짜기에 잠든 사람 / 105
폴 발레리(1871 - 1945) - 발걸음 / 107
기욤 아폴리네르(1880 - 1918) - 미라보 다리 / 109
장 - 샤를 도르주(1954 -) - 살아가는 법 / 113

옮긴이의 말 / 115

Préface

La publication de l'**Anthologie de la poésie française classique** est un fruit des échanges poétiques vigoureux entre les associations de poètes français et coréens qui ont débuté en 2023 à l'initiative de M. Jean - Charles Dorge, président de la Société des Poètes Français et M. YOO Ja - hyo, président de la Société des Poètes Sud - Coréens à l'époque.

Après avoir signé le 21 mars 2023 à Paris une convention de partenariat, les deux associations de poètes ont traduit chacune, en seulement deux ans, plus d'une centaine de poèmes de leur partenaire et les ont publiés dans leurs périodiques. Par ailleurs, au début mars 2024, la Société des Poètes Français a publié l'**Anthologie des poètes coréens contemporains** (100 poèmes) sélectionnés par la Société des Poètes Sud - Coréens et distribué 2 300 exemplaires dans toute la France. Cette anthologie est une réalisation inouïe qui restera gravée dans l'histoire de la littérature coréenne.

Sur la base de ces réalisations et en réponse aux demandes d'autres organisations culturelles, une nouvelle organisation se devait d'être lancée pour satisfaire le besoin émergeant d'échanges culturels systématisés et durables, en plus des échanges culturels sporadiques et événementiels. Ainsi s'est créé en mars 2024 le Centre d'Echanges Culturels Franco - Coréens(CECFC) qui jouera un rôle de tête de pont pour promouvoir les échanges culturels et artistiques des deux pays.

서문

『**프랑스 고전시 선집**』의 발간은, 2023년 유자효 당시 한국시인협회 회장과 장-샤를 도르주 프랑스 시인협회 회장의 주도로 시작된, 한국과 프랑스 시인협회 간의 활발한 시 교류의 결과물입니다.

2023년 3월 21일 파리에서 상호 협력을 위한 협약서에 서명한 이후, 양국 시인협회는 불과 2년만에 각기 100편이 넘는 상대국의 시를 번역하여 각 협회의 정기간행물에 소개하였습니다. 또한 프랑스 시인협회는 2024년 3월초 한국시인협회가 선정한 『**한국 현대시인 선집**』(한국 현대시 100선)을 출판하여 2300부를 프랑스 전국에 배포하는 성과를 거두었습니다. 이 선집 발간은 전대미문의 사건으로서 한국문학사에 기록될 성과라 할 것입니다.

이러한 성과를 바탕으로, 그동안의 산발적이고 이벤트적인 문화 교류에 더하여, 다른 문화단체의 요청에도 부응하면서, 체계적이고 지속가능한 문화 교류의 필요성이 대두됨에 따라, 이를 위한 새로운 조직 출범의 필요성이 제기되었습니다. 이러한 배경에서 2024년 3월에 한불문화교류센터가 창립되었으며, 앞으로 양국의 문화-예술 교류의 활성화를 위한 교두보의 역할을 담당하게 될 것입니다.

En particulier, le CECFC se concentrera sur les échanges culturels touchant aux traditionnels afin d'accroître la compréhension mutuelle et de consolider l'amitié entre les deux peuples. Dans l'ambition de réaliser cet objectif, le CECFC a fait découvrir la poésie traditionnelle coréenne, appelée *Sijo*, aux lecteurs français dès le second semestre de l'année 2024 en présentant des poèmes *sijo* dans l'*Agora*, revue de la Société des Poètes Français. Cette fois - ci, le CECFC a décidé de publier en France l'**Anthologie de la poésie coréenne traditionnelle** (100 *sijo*) grâce à la collaboration de la Société des Auteurs et Poètes Francophonie, pour faire mieux connaître le *sijo* aux lecteurs français, en contrepartie de la publication en Corée du présent ouvrage qui présente la poésie française classique.

On peut voir dans l'anthologie les poèmes français classiques les plus célèbres rigoureusement sélectionnés et annotés pour la première fois par un Français. J'espère que les lecteurs coréens seront heureux de trouver un tel excellent ouvrage, d'autant plus qu'il a été rédigé par M. Jean - Charles Dorge, président de la Société des Poètes Français.

JO Hong - lai
Président du conseil d'administration du CECFC

특히 한불문화교류센터는 양국 국민 간의 상호 이해를 높이며 친선을 보다 공고히 하기 위해서 양국의 전통문화 교류에 역점을 둘 것입니다. 이러한 목표 달성의 일환으로, 한불문화교류센터는 2024년 하반기부터 프랑스 독자들에게, 프랑스 시인협회 기관지 「광장(Agora)」을 통해, 한국의 전통시, 시조를 소개한 바 있습니다. 그리고 이번에는 프랑스어권 작가-시인협회와의 협력 덕분에 『**한국 전통시 선집**』(시조 100선)을 프랑스에서 발간하기로 결정하였습니다. 또한 한국에서는 프랑스 고전시를 소개하는 본 시선집을 발간하게 되었습니다.

프랑스 고전시 선집에서는 최초로 프랑스인에 의해 엄격히 선정되고 해설을 담은 프랑스에서 가장 유명한 고전시들을 만나 볼 수 있게 됩니다. 아무쪼록 한국의 독자들이, 다름아닌 프랑스 시인협회 회장인 장-샤를 도르주 선생이 엮어 만든, 이 훌륭한 작품에서 행복을 느끼기를 기원합니다.

조홍래
한불문화교류센터 이사장

Poésie française classique

Introduction

Il m'a été demandé par Monsieur JO Hong - lai, président du conseil d'administration du Centre d'Echanges Culturels Franco - Coréens, d'élaborer, à l'usage de nos amis coréens, un petit opuscule d'approche de la Poésie française à travers ses formes fixes, afin de présenter les principales de ces formes, avec un certain nombre de poèmes choisis parmi nos auteurs les plus renommés.

S'il ne s'agissait que d'énumérer ces "formes fixes" - quoique la liste a tendance à s'allonger considérablement depuis un siècle, afin de pouvoir contourner peu à peu les contraintes strictes de construction du poème classique d'origine - et d'expliquer les caractéristiques de chacune de ces formes, il suffirait que je recommande notamment la lecture d'un ouvrage très complet : *L'Art des Vers*, d'Auguste Dorchain, premier Président de la Société des Poètes Français en 1902, réédité par nos soins (Éditions des Poètes français, 2022), à l'occasion du 120ème anniversaire. Mais, certes, non (encore) traduit en coréen - et pour cause !

En effet, la tâche est autrement ardue de s'appesantir sur chaque forme, en désignant des règles s'appliquant à une langue radicalement différente de la langue coréenne, et qui ne se retrouveront absolument pas représentées dans la traduction des poèmes choisis à titre d'exemples.

프랑스 고전시

서론

우리의 친구인 한국 시인들을 위해 프랑스 문학에서 저명한 작가들의 시 중에서 적정한 편수를 골라 프랑스 정형시를 다루는 소책자를 만들어 달라는 조홍래 한불문화교류센터 이사장의 요청을 받았다. 목적은 프랑스 정형시의 주요 형식을 소개하기 위함이다.

단순히 정형시 종류들을 나열하고 각 형식의 특징을 설명하는 문제라면, 나는 특히, 1902년 프랑스 시인협회장을 지낸 오귀스트 도르셍(Auguste Dorchain)의 완성도가 아주 높은 저서,『시구의 기법』을 읽어 볼 것을 권하는 것으로 충분하다는 생각이 든다. 물론 한 세기 전부터는 고전시 구성에서 지켜야 할 본래의 엄격한 제약들을 우회하기 위한 목적으로 파생 형식들이 늘어남으로써 정형시 형식의 목록이 상당히 길어지는 경향이 있는 것은 사실이다. 그의 책은2022년 프랑스 시인협회 창립 120주년을 맞아, 우리의 노력으로 〈프랑스 시인 출판〉에서 재출판한 바 있다. 물론 이 책은 아직 한국어로 번역되지 않았고 그럴만한 이유가 있을 것이다!

실제로, 프랑스 정형시의 창작 규칙들은 한국어와 근본적으로 다른 언어인 프랑스어에 적용되는 것이므로, 그런 규칙들을 지적하며 정형시 각각의 형식을 깊이 있게 설명하는 것은 아주 어려운 일이다. 또한 그러한 규칙들은 예시로 선정된 프랑스 시들을 한국어로 번역할 때도 결코 제대로 반영되지 못할 것이다.

Cet opuscule se contentera donc de tenter d'exposer d'abord certains principes majeurs de construction d'un poème classique français suivant une forme décidée par son auteur, puis d'en souligner les nuances sonores, le rythme, les images et les intentions au fil des époques littéraires.

Pour illustrer les considérations de base qui vont suivre, les poèmes choisis permettront, dans la mesure du possible, de comprendre ce qui a pu rendre le texte particulièrement remarquable, que ce soit par la force de l'émotion suscitée ou par l'évolution de la forme du langage suscitée.

따라서 이 소책자에서는 우선 그 창시자가 정한 형식에 따른 프랑스 고전시 창작의 몇 가지 주요 원칙들에 대한 설명을 시도하고, 이어서 문학 시대의 변천에 따른 음운의 뉘앙스, 리듬, 이미지, 의도하는 바 등을 강조하는 것으로 만족할 것이다.

이어서 기본적인 고려 사항들을 보여주기 위해서, 선정된 시들은 무엇 때문에 그 텍스트가 대단히 훌륭하게 평가되었는지를 가능한 범위 내에서 이해할 수 있도록 해줄 것이다. 그것은 촉발된 감정의 힘에 기인할 수도 있고, 촉발된 언어 형식의 변화에서 비롯될 수도 있다.

1. Généralités

— sur l'art poétique français dans ses formes classiques

D'une manière générale, le principe de l'écriture poétique classique française repose sur un langage versifié. Comme disait le maître de philosophie dans *Le Bourgeois gentilhomme (1670)*, II, 4 de Molière : « Tout ce qui n'est point prose est vers; et tout ce qui n'est point vers est prose. »

Or, l'on sait que la prose est simplement le langage parlé au quotidien, souvent malmené ou parsemé d'expressions peu raffinées. Le vers, quant à lui, est également appelé à se produire dans l'oralité mais il a préalablement été *travaillé* pour répondre à des critères de beauté du langage, produisant des *rythmes* égaux et une *musicalité* des sons.

Bon nombre de formes poétiques (disposition des vers, etc.) ont été créées au Moyen - Âge (XIIe - XIIIe siècles) par des poètes et compositeurs de musique qui se produisaient à la cour des seigneurs. Ce pouvaient être les nobles eux - mêmes. On les appelaient « *trouvères* » (dans la moitié Nord de la France, s'exprimant en langue d'Oïl) ou « *troubadours* » (au Sud de la France, s'exprimant en langue d'Oc). Les deux appellations signifient la même chose : trouveurs (sous - entendu : trouveurs des bons mots). D'autres intervenants dans les cours, jongleurs et acrobates, pouvaient aussi produire des mots d'esprits ; on les appelait les « *ménestrels* ».

1. 개요

—고전 형식 안에 있는 프랑스 시의 시학에 대하여

일반적으로, 프랑스 고전시 쓰기의 원칙은 운문으로 된 언어에 의거한다. 몰리에르의 희극『서민 귀족(*Le Bourgeois gentilhomme*)』(1670) 2막 4장에서 철학 선생이 말하듯, "산문이 아닌 모든 것은 운문이요, 운문이 아닌 모든 것은 산문이다."

그런데 산문은 단순히 일상에서 발화되는 언어로서, 흔히 조악하고 정제되지 않은 표현들이 산재해 있는 언어라는 것을 우리는 알고 있다. 운문에 대해 말하자면, 마찬가지로 구어로 만들도록 요구할 수도 있다. 하지만 운문은 언어의 아름다움이라는 기준에 부응하기 위해 사전에 다듬어져서 동일한 리듬과 소리의 음악성을 만들어낸다.

많은 시적 형식들(시구의 배치 등)은 중세(12 - 13세기)시대에 영주들의 궁정에서 활동한 시인과 작곡가에 의해 창안되었다. 그들 자신이 귀족인 경우도 있었다. 사람들은 이들을 트루베르(trouvère, 프랑스 북부의 오일어로 표현) 혹은 트루바두르(troubadour, 프랑스 남부의 오크어로 표현)로 불렸다. 이 두 명칭은 발견하는 사람(좋은 말을 찾는 사람들을 함의)이라는 뜻으로 동일하다. 광대나 곡예사처럼 궁정에서 활동하던 다른 이들도 재치있는 어구를 만들어내곤 했다. 그들은 메네스트렐(ménestrel, 궁정음유시인)이라고 불렀다.

Encore une fois, cet opuscule n'a pas pour vocation d'expliquer en détail - ni même de les énumérer toutes - les règles s'appliquant à la versification classique mais d'en survoler les plus importantes, pour offrir à nos amis coréens l'idée la plus précise possible de ce qui permet de concevoir un vers français.

Les **rythmes** s'entendent à la façon de scander les syllabes (« scansion »), pour retomber sur un même nombre de syllabes d'un vers à l'autre. La difficulté vient alors du fait que certaines syllabes peuvent parfois se prononcer sur deux sons (on parle alors de « *diérèse* ») au lieu d'un seul (« *synérèse* »), suivant qu'une partie de la syllabe est accentuée ou non. De ce fait, en poésie classique, on définit la longueur d'un vers en termes de nombre de « *pieds* » et non pas de syllabes.

Les vers français classiques sont très fréquemment composés de *douze pieds* (dits « *alexandrins* ») avec une sorte de pose possible (appelée « *césure* ») à la moitié du vers, lequel se retrouve donc mentalement divisé en deux parties (ou deux « *hémistiches* »). C'est pourquoi il faut éviter, au sixième pied (à la césure), d'utiliser le même son que celui des rimes voisines, afin de ne pas fausser le rythme de la scansion, car l'oreille n'attend la rime qu'au douzième pied.

Les vers peuvent être aussi composés, assez souvent, de *dix pieds* (ou « *décasyllabes* », avec une césure après le quatrième) ou de *huit pieds;* s'adaptant alors mieux à des sujets traités avec plus de légèreté.

한번 더 말하건대, 이 책자는 고전 작시법에 적용되는 규칙들을 상세하게 설명하거나 그 모두를 나열하기 위함이 아니라 어떤 것을 알면 프랑스 운문을 떠올리게 해주는지에 대해 한국 시인들에게 가능한 한 가장 명확한 개념을 제공하기 위해 가장 중요한 요소들을 훑어보려는 것이다.

(* 프랑스어에서 운문을 뜻하는 단어는 vers인데, 이 단어는 동시에 시의 한 행을 뜻하는 시행이나 시구라는 의미도 있어서 조금 혼란스럽다.)

운율(리듬)은 하나의 시행이 다른 시행과 같은 수의 음절로 유지되도록 음절을 박자에 맞추어 읽는 방법(scansion)으로 이해된다. 그래서 음절의 일부에 강세가 부여되는지 여부에 따라 어떤 음절은 하나의 소리(synérèse, 통음)가 아니라 두 소리(diérèse, 분음)로 발음될 수 있다는 점에서 어려움이 생긴다. 이로 인해 고전 시에서는 시행의 길이를 음절의 수가 아니라 음보(pieds)의 수에 따라 정의한다.

프랑스 고전시의 시행은 흔히 12음보(alexandrin)로 구성되는데, 중간에 휴지(césure)라고 불리는 일종의 멈춤이 있다. 그래서 심리적으로는 다시 두 부분(두 개의 반구hémistiche로)으로 나뉜다고 생각할 수 있다. 결국, 그것을 듣는 귀는 12번째 음보에서만 각운을 기대하기 때문에 박자(scansion)의 리듬을 망치지 않기 위해서는 6번째 음보(휴지)에서 주변 각운과 동일한 소리를 사용하는 것을 피해야 한다.

프랑스 시의 시행은 10음보 - 혹은 네 번째 음보 뒤에 휴지를 가진 10음절(décasyllabe) - 혹은 8음보로 구성되는 경우도 아주 흔한데, 이는 좀 더 가볍게 다루어지는 주제에 더욱 적절하게 적용된다.

En poésie classique, il est cependant admis des vers de longueur variable (à partir d'un seul pied), s'entremêlant ou non à des vers de huit ou douze pieds, pourvu qu'ils reviennent dans le texte avec régularité. Les vers trop longs présentent le défaut de devoir reporter sur la ligne suivante la fin d'un vers, ce qui déséquilibre visuellement la présentation d'un poème au format d'un livre courant et rend plus difficile le repérage de la rime finale du vers.

La **musicalité des sons** repose d'une part sur la diversité et la richesse évocatrice du vocabulaire. D'autre part et en même temps, il s'agit d'éviter certains défauts de syllabes redondantes ou difficiles à prononcer mais surtout d'effectuer un retour savant de la dernière syllabe (ou « **rime** ») d'une ligne de poème (ou « vers »), soit dans le vers suivant, soit à un autre intervalle de vers rapprochés, de telle sorte que dès le premier groupe de vers (souvent au nombre de quatre ou « *quatrain* »), l'oreille s'habitue à retrouver la même sonorité, en écho, tout en suivant par principe le même agencement des rimes dans une succession de quatrains.

Je ne m'étendrai pas trop sur le détail des règles de prosodie classique, pour éviter un mal de tête à nos lecteurs. Il me faut cependant préciser trois d'entre elles, qu'il vaut mieux appliquer si l'on espère gagner un diplôme dans un concours sérieux :

- les deux premières règles s'appliquent à l'intérieur des vers et concernent la rencontre de mots : « *l'élision* » (nécessaire, pour les mots se terminant par un « e » et qui ne peuvent pas être suivis d'un mot commençant par une consonne) et le « *hiatus* » (à éviter, quand un mot se terminant par une autre voyelle que le « e » est suivi par un mot commençant par n'importe quelle voyelle) ;

그렇지만 고전시에서는 텍스트 안에서 규칙적으로 반복되기만 한다면 다양한 시행 길이의 변형이 8음보나 12음보와 혼합되기도 하면서 허용될 수 있다(단 하나의 음보만으로도 가능하다). 다만, 너무 긴 시행은 한 행의 끝을 다음 줄로 넘겨야 하는 결함을 드러내는데 그렇게 되면 일반적인 판형의 책에서 한 편의 시를 보여줌에 있어서 시각적 균형을 무너뜨릴 뿐 아니라 시행 마지막 각운을 식별하기 어렵게 만든다.

소리의 음악성은 한편으로는 어휘의 다양성과 연상의 풍부함에 달려 있고 동시에 다른 한편으로는 불필요하고 발음하기 까다로운 음절의 결합을 피하는 것이 관건이다. 그래서 특히 시의 각 시행(vers) 마지막 음절(즉 **각운**rime)이 다음 행이나 약간 거리를 두고 인접한 다른 행에서 적절히 반복되도록 배치하는 것이 중요하다. 그렇게 함으로써 청자는 첫 번째 4행연(quatrain, 흔히 네 개의 행으로 구성됨)부터 이후 연속되는 4행연들에서 원칙적으로 동일한 각운 배치를 따라감으로써 메아리처럼 똑같은 소리를 다시 만나는 것에 익숙해진다.

나는 한국 독자들이 골치 아파하지 않도록 고전 운율법 규칙의 세부사항은 길게 논하지 않겠다. 그러나 그 규칙들 중 세 가지는 명확히 밝히는 것이 필요하다고 보는데, 시 짓기 경연에서 수상하기를 바란다면 이들을 지키는 편이 좋겠다 :

- 첫 두 규칙은 시행 내부에 적용되며 단어의 충돌과 관련되어 있다: 모음생략(élision)은 필수 규칙으로서 단어가 “e”로 끝나면서 뒤따르는 단어는 자음으로 시작하지 않는 단어의 경우에 적용된다. 그리고 모음충돌(hiatus)은 피해야 하는 규칙으로, “e” 이외의 다른 모음으로 끝나는 단어가 그 뒤에 모음으로 시작하는 단어로 이어지는 경우이다.

- la troisième règle concerne au contraire la fin des vers : il y a lieu de respecter une alternance entre les rimes se terminant par un « e » ou « es » ou « ent » (rime dites « *féminines* ») et toutes les autres rimes (qui sont donc des rimes « *masculines* »).

Juste une dernière observation, qui pourra peut-être encourager nos amis coréens qui apprennent le français et voudraient se lancer dans l'écriture en vers : L'écriture d'un poème en mode classique ne nécessite pas forcément de faire correspondre son texte à l'une ou l'autre des formes fixes que nous présentons ci-après. En revanche, il y a lieu de respecter au minimum les règles exposées dans ces généralités. La présentation d'un poème classique se fait alors sous forme de paragraphes (ou « *strophes* »), dont la longueur dépend du nombre de vers nécessaires pour exprimer une unité de pensée ou de sujet.

Enfin, ce n'est pas à des Coréens que j'aurai besoin de préciser que la Poésie doit avant tout s'exprimer avec concision : les Français eux-mêmes devraient en prendre de la graine ! (C'est peut-être aussi pour cela, que leurs ancêtres ont créé les formes fixes !)

- 반대로 세번째 규칙은 시행 끝과 관련된다: 그것은 “e”, “es”, “ent”로 끝나는 각운(여성운이라고 불리는 각운)과 나머지 모든 각운(남성운이라고 불리는 각운)을 번갈아 사용하는 것을 존중하는 것이다.

마지막으로 한 가지 지적하고 싶은 것으로, 프랑스어를 배우며 운문으로 글을 쓰고 싶어하는 우리 한국인 친구들에게 용기를 줄 수 있는 한 가지 의견을 드리고자 한다: 고전적인 양식으로 프랑스어 시를 쓴다는 것은 그 텍스트를 반드시 이 책에서 소개하는 이런 저런 고정된 형식에 대응시켜야 한다는 것은 아니라는 점이다. 그 대신, 적어도 여기서 제시하는 일반적인 규칙들을 존중할 필요는 있다. 그때 한 편의 고전 시를 지어내는 것은 단락이나 연(strophe)의 형태로 이루어지는데, 그 길이는 생각이나 주제의 한 단위를 표현하기 위해 필요한 시행의 수에 좌우된다.

결국, “무엇보다도 시는 간결하게 표현되어야 한다.”는 점을 굳이 한국인들에게 강조할 필요는 없을 것이다: 오히려 프랑스인들이 한국인들에게서 배워야 할지도 모른다! (옛 프랑스인들이 정형시를 만들어낸 이유도 어쩌면 바로 이 때문일 것이다.)

2. Trois formes fixes principales dans la Poésie classique française

Il existe une multitude de formes fixes dans la Poésie classique française, les plus anciennes demandaient plus à l'ingéniosité de l'esprit qu'à l'inspiration véritable qu'on attend de la part d'un authentique poète parlant au cœur en transmettant une émotion.

Nous ne reprendrons donc dans cet opuscule que trois formes fixes parmi les plus emblématiques et pérennes, qui ont permis et permettent encore à nombre de poètes de s'expérimenter à la prosodie classique, lorsqu'ils consentent à s'imposer les contraintes d'une forme musicalement aboutie.

Après l'explication des caractéristiques de chacune de ces formes, a été choisi un seul poème très représentatif pour illustrer notre propos. En partie 3 figurent des poèmes de plusieurs formes, classés par ordre chronologique et qui montrent en particulier l'évolution de la manière de traiter les sujets, suivant les « *écoles* », creusets de mode d'écriture et de sources d'inspiration.

2. 프랑스 고전시의 주요한 세 가지 형식

프랑스 고전시에는 다수의 정형시 형식이 존재하는데, 가장 오래된 형식들은 진실된 영감보다는 정신의 기교와 재치를 더 많이 요구했다. 그러나 우리가 진정한 시인에게서 기대하는 것은 진실한 영감으로 감정을 전달하면서 마음을 노래하는 것이다.

그래서 우리는 이 책자에서 가장 대표적이고 오래된 것들 중에서 세 가지 형식만을 다룰 것이다. 그 형식들은 수많은 시인들이 음악적으로 완성된 어떤 형식의 제약들을 따르는 것에 동의할 때 고전적 운율법으로 스스로를 시험하게 해주었고 여전히 그러고 있다.

그런 형식들 각각의 특징을 설명한 후에는 그 주제를 예시하기 위해 가장 대표적인 시 한 편을 선정했다. 3부에서는 더 많은 형식의 시들이 나오는데, 시대 순서에 따라 분류하였다. 이 시들은 특히 글쓰기 양식이나 영감의 원천의 도가니인 "학파"에 따라 주제를 다루는 방식의 변화 과정을 특히 잘 보여준다.

Le Sonnet

Ce sont les troubadours de Provence qui l'ont inventé au XIIIe siècle. Les poètes italiens Dante et Pétrarque s'en emparent puis il revient en France, grâce notamment au poète Clément Marot. Il prend toute son ampleur au XVIe siècle avec Joachim du Bellay et Pierre de Ronsard. Il passe ensuite en Espagne avec Lope de Vega, au Portugal avec Camoens et en Angleterre avec Shakespeare.

Après avoir disparu pratiquement tout au long du XVIIIe siècle, le sonnet refleurit largement au XIXe siècle avec les poètes romantiques. Il résiste encore très fort de nos jours, comme s'il n'y avait que lui en tant que poésie classique de forme fixe pour se tailler la part du lion ! (Notre célèbre Victor Hugo l'a pourtant très rarement pratiqué.)

Le sonnet est composé de *deux quatrains* (strophes de quatre vers) ayant les mêmes rimes dans la même disposition (le plus fréquemment, des rimes dites « embrassées ») : A B B A - A B B A), puis de *deux tercets* (strophes de trois vers) dans la disposition déterminée, au choix : C C D - E D E ou C C D - E E D. Un sonnet est donc composé de quatorze vers de dix ou douze syllabes, sur seulement cinq rimes différentes.

소네트(Sonnet)

소네트는 13세기 프로방스의 음유시인인 트루바두르들이 만들어냈다. 이탈리아 시인 단테와 페트라르카가 그것을 차용한 이후 무엇보다도 시인 클레망 마로 덕분에 프랑스로 돌아왔다. 소네트는 16세기에 요아셍 뒤 벨레와 피에르 드 롱사르에 의해 만개한다. 이후로 스페인에서는 로페 데 베가, 포르투갈에서는 카모엔스, 영국에서는 셰익스피어에 의해 전파된다.

소네트는 실질적으로 18세기 내내 사라졌다가 19세기에 낭만주의 시인들과 더불어 다시 꽃피우게 된다. 그리고 프랑스 고전 정형시로는 마치 그것밖에 없다는 듯 오늘날까지 남아서 여전히 가장 중요한 부분을 차지하고 있다. (그렇지만 우리의 유명한 시인 빅토르 위고는 이 형식을 거의 사용하지 않았다.)

소네트는 네 개의 시행으로 한 연을 이루는 4행연(quatrain) 두 연과 세 개의 시행으로 한 연을 이루는 3행연(tercet) 두 개로 이루어진다. 4행연들은 동일하게 배치된 동일한 각운을 가지고 있다. 가장 흔한 것은 이른바 '포옹운'으로 ABBA - ABBA 형식이다. 3행연들은 배치가 정해져 있는 CCD - EDE 혹은 CCD - EED 중에서 선택한다. 따라서 한 편의 소네트는 10음절이나 12음절을 가진 시행 14개로 이루어지며, 각운은 서로 다른 5개로만 구성된다.

Ruines du cœur

François Coppée (1842 - 1908)

Mon cœur était jadis comme un palais romain,
Tout construit de granits choisis, de marbres rares.
Bientôt les passions, comme un flot de barbares,
L'envahirent, la hache ou la torche à la main.

Ce fut une ruine alors. Nul bruit humain.
Vipères et hiboux. Terrains de fleurs avares.
Partout gisaient, brisés, porphyres et carrares ;
Et les ronces avaient effacé le chemin.

Je suis resté longtemps, seul, devant mon désastre.
Des midis sans soleil, des minuits sans un astre,
Passèrent, et j'ai, là, vécu d'horribles jours ;

Mais tu parus enfin, blanche dans la lumière,
Et, bravement, afin de loger nos amours,
Des débris du palais j'ai bâti ma chaumière.

마음의 폐허

프랑수아 코페(1842-1908)

내 마음은 한때 로마의 궁전과도 같았네,
엄선된 화강암과 진귀한 대리석으로 지어진.
그러나 곧 열정들이 야만인의 물결처럼 몰려와
손에는 도끼와 횃불을 들고 그것을 유린했네.

그리하여 인간의 소리 하나 없는 폐허가 되고 말았네.
독사와 올빼미만이 남은, 탐욕이 꽃피는 땅이 되어,
사방에 붉은 반암과 하얀 대리석 조각들이 나뒹굴고,
길은 가시덤불에 뒤덮여 사라졌네.

나는 오랫동안 그 황폐한 곳에 홀로 서 있었네.
태양이 없는 대낮과 별이 없는 밤이 지나갔고,
그곳에서 나는 끔찍한 나날을 보냈네.

그러나 마침내 그대가 빛 속에서 하얗게 나타났고,
나는 용기 내어 우리 사랑의 집을 지으려고
궁전의 잔해로 내 작은 초가집을 세웠네.

La Ballade

Cette forme de chanson à danser s'est propagée du XIIe au XIVe siècle, grâce aux trouvères du Nord de la Loire, plus spécialement dans la région d'Arras et jusqu'en Belgique.

La Ballade se compose de trois strophes de huit ou de dix vers, plus une demi - strophe appelée « envoi », de quatre ou de cinq vers suivant le cas. Les vers sont formés de huit ou de dix syllabes et l'agencement des rimes est identique dans les trois premières strophes, suivant le schéma :

A B A B B C B C (si strophes de huit vers)

ou A B A B B C C D C D (si strophes de dix vers).

Il est à préciser que le dernier vers de la première strophe doit se répéter à la fin des deux autres strophes et de l'envoi.

L'envoi (la demi - strophe finale) commence par le mot « Prince » ou un mot équivalent, car au commencement, les Ballades, comme beaucoup de poèmes, ont été faites pour les rois et les seigneurs.

발라드(Ballade)

춤추며 부르는 무곡인 발라드 형식은 12세기부터 14세기까지 북부루아르 지방의 음유시인들인 트루베르에 의해 퍼졌으며 특히 아라스 지역과 벨기에까지 전파되었다.

발라드는 8개 혹은 10개의 시행으로 이루어진 세 개의 연과 헌사(envoi)라고 불리는 절반의 연이 더해져서 이루어진다. 헌사는 경우에 따라 4행이 되기도 하고 혹은 5행이 되기도 한다. 시행은 8음절이나 10음절로 형성되며 각운의 배치는 다음의 도식과 같이 첫 세 연에서 동일하다:

A B A B B C B C (한 연이 8행일 경우)

혹은 A B A B B C C D C D (한 연이 10행일 경우)

명확히 해 둬야 할 것은 첫째 연의 마지막 행은 나머지 두 연과 헌사(envoi)의 끝에서 반복되어야 한다는 것이다.

마지막 반 연의 헌사는 "Prince" 혹은 이와 동등한 단어로 시작하는데, 이것은 많은 시가 그러듯, 초기의 발라드가 왕과 귀족을 위해 만들어졌기 때문이다.

Chant de Mai et de Vertu

Clément Marot (1497 - 1544)

Volontiers en ce mois ici
La terre mue et renouvelle.
Maints amoureux en font ainsi,
Sujets à faire amour nouvelle
Par légèreté de cervelle,
Ou pour être ailleurs plus contents ;
Ma façon d'aimer n'est pas telle,
Mes amours durent en tout temps.

N'y a si belle dame aussi
De qui la beauté ne chancelle ;
Par temps, maladie ou souci,
Laideur les tire en sa nacelle ;
Mais rien ne peut enlaidir celle
Que servir sans fin je prétends ;
Et pour ce qu'elle est toujours belle
Mes amours durent en tout temps.

Celle dont je dis tout ceci,
C'est Vertu, la nymphe éternelle,
Qui au mont d'honneur éclairci
Tous les vrais amoureux appelle :
“ Venez, amants, venez (dit - elle),
Venez à moi, je vous attends ;

5월과 미덕의 노래

클레망 마로(1497 - 1544)

여기 기꺼이 이 달이 오면
대지가 꿈틀대며 새로워지네.
많은 연인들 또한 그러하여
새로운 사랑을 맺으려 하네.
변덕스러운 머릿속 때문이든,
다른 데서 더 큰 기쁨을 찾기 위해서든.
그러나 나의 사랑의 방식은 그렇지 않으니,
나의 사랑은 언제나 지속되리라.

어떤 아름다운 여인도
그 미모가 흔들리지 않을 수 없으니,
세월에, 병이나 근심 탓에
추한 조각배를 타러 가더라.
그러나 나의 섬김이 끝없이 향하는 그녀는
어떠한 것으로도 추해질 수 없나니.
그녀는 언제나 아름답기에,
나의 사랑은 언제나 지속되리라.

내가 이렇게 모든 걸 말하는 그녀는
바로 영원한 요정, '미덕'이라는 것,
그녀는 환히 빛나는 명예의 산에서
진정으로 사랑하는 이들을 모두 부른다.
"오라, 연인들이여, 오라." (그녀가 말한다)
"나에게로 오라, 내 그대를 기다리노라.

Venez (ce dit la jouvencelle).
Mes amours durent en tout temps."

ENVOI

Prince, fais amie immortelle,
Et à la bien aimer entends ;
Lors pourras dire, sans cautelle* :
« Mes amours durent en tout temps. »

(*) *ou cautèle : vieux mot signifiant « précaution ».*

오라." (그 소녀는 이렇게 말한다.)
"나의 사랑은 언제나 지속되리라."

헌사(Envoi)

왕자여, 불멸의 애인을 두소서.
귀 기울여 정녕 그분을 사랑하소서.
그러면 거리낌 없이 말하게 되오리다.
"나의 사랑은 언제나 지속되리라."

(*) 원문의 cautèle은 현대어로 précaution을 뜻하는 중세 프랑스어 단어임.

Le Rondeau

Issu d'une forme plus ancienne appelée « Rondel », qui s'écrivait sur trois strophes en vers de huit syllabes, le Rondeau se compose comme lui de treize vers, de huit syllabes mais plus généralement de dix syllabes.

Le Rondeau comporte une strophe de cinq vers, une seconde de trois vers (à laquelle on ajoute, en guise de refrain, les premiers mots de la première strophe) puis une seconde strophe de cinq vers (après laquelle on répète aussi le refrain).

Il est construit sur deux rimes, dont l'une (A) se répète huit fois, l'autre (B) cinq fois :

A A B B A - A A B + refrain - A A B B A + refrain.

롱도(Rondeau)

롱도는 8음절 시행으로 세 개의 연에 걸쳐 쓰던 롱델(Rondel)이라고 부르는 더 오래된 형식에서 유래한다. 롱델처럼 롱도는 8음절의 13개의 시행으로 구성되며, 더 일반적으로는 10음절로 이루어진다.

롱도는 5개 시행으로 된 첫째 연과 3개의 시행으로 된 둘째 연으로 이루어지는데, 거기에 후렴 대신 첫째 연의 앞쪽 말을 덧붙이고 이어서 다시 5개 시행으로 된 둘째 연이 이어진다. 그다음에는 마찬가지로 후렴구를 한 번 더 반복한다.

롱도는 두 개의 각운으로 이루어지며 첫째 각운 A는 8번, 다른 각운 B는 5번 반복된다:

A A B B A – A A B + 후렴구 – A A B B A + 후렴구

A Madame la Comtesse T.

Alfred de Musset (1810 - 1857)

Dans son assiette arrondi mollement,
Un pâté chaud, d'un aspect délectable,
D'un peu trop loin m'attirait doucement.
J'allais à lui. Votre instinct charitable
Vous fit lever pour me l'offrir gaiement.

Jupin, qu'Hébé grisait au firmament,
Voyant ainsi Vénus servir à table,
Laissa son verre en choir d'étonnement
Dans son assiette.

Pouvais - je alors vous faire un compliment ?
La grâce échappe, elle est inexprimable ;
Les mots sont faits pour ce qu'on trouve aimable,
Les regards seuls pour ce qu'on voit charmant ;
Et je n'eus pas l'esprit en ce moment
Dans son assiette.

백작부인 T.에게

알프레드 드 뮈세(1810 - 1857)

그의 접시 안에 부드럽게 사려져
맛있어 보이는 따뜻한 파스타 한 입
살짝 먼 곳에서 부드럽게 나를 유혹했지요.
그래서 다가서려는데 당신은 자비로운 본능으로
기꺼이 일어나 그것을 내게 내밀어주었어요.

하늘에서 헤베 여신에 취해 있던 주피터는
그렇게 비너스가 식탁에서 시중드는 모습을 보고
손에 들었던 술잔을 떨어뜨렸어요,
깜짝 놀라서.

그 순간, 내가 당신께 감사를 표현할 수 있었을까요?
우아함이란 손에 잡히지 않고, 말로 표현할 수도 없죠.
말은 우리가 호감을 느끼는 것에 쓰이고,
눈길만이 매혹적으로 보이는 것에 가닿죠.
그래서 그 순간, 나는 그 접시에
정신이 가지 않았어요.

3. Sélection de poèmes classiques français (en différentes formes fixes) à travers les siècles

Nous avons dû exclure à regret les poèmes du XIIe et du XIIIe siècles, car ayant été écrits en langues anciennes (langue d'Oïl ou langue d'Oc), nos lecteurs ne retrouveraient pas les rimes dans les textes en Français dans la traduction mot - à - mot.

De même, nous avons encore exclu certains poèmes du XIVe et du XVe siècles (sauf l'incontournable François Villon), bien qu'ils furent déjà écrits en vieux Français par des poètes de grand renom, car la compréhension s'avère parfois difficile pour les Français eux - mêmes, sans y ajouter une foule de notes annexes sans trop d'intérêt pour les lecteurs.

C'est pourtant grâce à ces poètes que se sont formées les créations parmi les plus belles de la poésie française, sur la base de chants lyriques chevaleresques, de poèmes courtois et même parfois - en contrepoint - d'un certain intimisme précurseur, qui deviendra, plus d'un demi - millénaire plus tard, l'apanage de l'archétype du « poète maudit ». Je pense à ce propos au ménestrel Rutebeuf (1245 - 1285).

Les poèmes qui suivent représentent donc une représentation d'ensemble très incomplète de poèmes depuis le XVe siècle jusqu'au début du XXIe siècle. D'autant plus qu'autrefois, la poésie et le théâtre étaient confondus, ce qui nous a amenés à exclure aussi les

3. 수 세기에 걸친 프랑스 고전시에서 뽑은 작품

(다양한 종류의 정형시)

우리는 12세기와 13세기의 시들을 배제해야만 했다. 그 시대의 시들은 고어 프랑스어(오일어와 오크어)로 쓰였기 때문에 단어 대 단어로 번역된 현대 프랑스어 텍스트에서는 우리 독자들이 각운을 찾아볼 수 없을 것이기 때문이다.

명성 높은 시인들에 의해 구식 프랑스어로 쓰인 14세기와 15세기의 시들(그럼에도 빠뜨릴 수 없는 프랑수아 비용을 제외하고는) 또한 마찬가지로 배제했다. 그다지 흥미가 없는 독자들을 위해서는 많은 양의 주석을 덧붙이지 않으면 때로는 프랑스인들도 이해하기 어렵기 때문이다.

그러나 바로 그 시대의 시인들 덕분에 기사도 정신의 서정시와 궁정시, 그리고 때로는 심지어 그와 반대되는 선구적인 내면 탐구를 기반으로 하는 가장 아름다운 프랑스 시의 창작물들이 나올 수 있었다. 내면 탐구의 시들은 오백여년 후 19세기에 "저주받은 시인"의 전형적인 전유물이 된다. 이 주제와 관련해서 나는 음유시인 뤼트뵈프(1245 - 1285)를 떠올린다.

따라서 아래에 소개되는 시들은 15세기부터 21세기 초까지의 시들인데, 대표적인 시들이라고 하기에는 대단히 불완전하다고 하겠다. 과거에는 시와 연극이 혼동되었기 때문에 극작가들도 시인으로 불렸지만

grands auteurs classiques français que sont Corneille (1606 - 1684) et Racine (1639 - 1699), car des extraits de pièces, sortis de leur contexte particulièrement dramatique, auraient présenté un moindre intérêt après avoir été traduits.

La sélection qui suit a finalement été basée d'après la notoriété des poètes ayant plus ou moins influencé l'évolution de la poésie française, par la qualité et l'originalité de leurs créations, mais aussi, pour les auteurs contemporains, afin de démontrer que les formes fixes - du moins certaines d'entre elles - résistent encore au temps, comme un salut d'infinie reconnaissance envers nos anciens qui les ont inventées.

코르네유(1606 - 1684)나 라신(1639 - 1699)과 같은 위대한 고전 작가들 또한 제외할 수밖에 없었다. 연극적인 맥락 밖에서 희곡을 발췌하여 번역하면 흥미가 떨어질 것이기 때문이다.

결국 아래 소개되는 시선집은 무엇보다도 프랑스 시의 발전에 다소간 영향을 끼친 시인들의 명성과 작품의 수준 및 독창성을 기반으로 했다. 마찬가지로, 현대 작가들이 지은 정형시들의 경우는(적어도 그것들 중 몇 개는), 그 형식을 창안해낸 선조를 향하여 한없는 감사의 인사를 보내듯이 시간을 견디며 여전히 그 형식들이 남아있다는 것을 보여주기 위해 선정하였다.

L'Amant

(Ballade)

Christine de Pisan(1364 - 1431)

Si la très agréable promesse
De votre regard amoureux
Qui si doucement me blesse
Ne me ment, je ne me soucie pas
De périr, ni tôt ni tard,
Ni de souffrir
Dieu fasse qu'il me dise vrai.

Si grande est sa richesse
Que quand il se répand sur moi
A la ville ou à la messe
Il me semble, de par Dieu,
Que je suis comblé
De biens
Dieu fasse qu'il me dise vrai.

Pourtant, ma très douce maîtresse,
S'il connaissait l'art de trahir,
Je serais de noblesse
Exilé. Mais en secret
Espoir me rassure et ne me quitte
Matin ni soir.
Dieu fasse qu'il me dise vrai.

애인

(발라드)

크리스틴 드 피장(1364 - 1431)

사랑 가득한 그대의 눈길
그토록 매력적인 약속이
살며시 내 마음 아프게 해도
거짓말은 하지 마세요. 빠르든 늦든
난 죽는 것 걱정 안 해요.
괴로움도 두려움도 없어요.
하느님, 진실을 알려 주소서.

그대의 재산이 많아서
마을에서나 기도에서나
내게까지 소문이 퍼지면
하느님 덕분에
나는 좋은 재산으로
채워질 것 같아요.
하느님, 진실을 알려 주소서.

하지만 다정한 내 애인이여,
그대가 배반의 기술을 알게 된다면
나는 고상한 자세로 추방되겠죠.
하지만 은밀하게 희망이 나를 안심시키고
아침에도 저녁에도
나를 떠나지 않을 거예요.
하느님, 진실을 알려 주소서.

ENVOI

Belle, il me tarde de voir
L'œil dont la flèche
M'émeut.
Dieu fasse qu'il dise vrai.

(헌사)

고운 님이여, 어서 보고 싶어요.
내 마음 움직이는
그대 눈빛의 화살을.
하느님, 진실을 알려 주소서.

Ballade des Dames du temps jadis

(Ballade)

François Villon (1431 - 1463)

Dictes - moy où, n'en quel pays,
Est Flora, la belle Romaine ;
Archipiada, ne Thaïs,
Qui fut sa cousine germaine ;
Echo, parlant quand bruyt on maine
Dessus rivière ou sus estan,
Qui beauté eut trop plus qu'humaine ?
Mais où sont les neiges d'antan !

Où est la très sage Heloïs,
Pour qui fut chastré et puis moyne
Pierre Esbaillart à Sainct - Denys ?
Pour son amour eut cest essoyne.
Semblablement, où est la royne
Qui commanda que Buridan
Fust jetté en ung sac en Seine ?
Mais où sont les neiges d'antan !

La royne Blanche comme ung lys,
Qui chantoit à voix de sereine ;
Berthe au grand pied, Bietris, Allys ;
Harembourges, qui tint le Mayne,
Et Jehanne, la bonne Lorraine,

옛 시절 귀부인들에 대한 발라드

(발라드)

프랑수아 비용(1431 - 1463)

내게 말해 주시오, 로마의 미인 플로라는
어디에, 어느 고장에 있는가?
아르키피아다, 그리고 또
그녀의 사촌동생 타이스,
강물 위나 연못 위에서
소리가 나면 말을 하던 에코,
초인간적인 미모를 지녔던 그 미인들 어디 있는가?
그런데 지금 옛날의 눈은 어디 있는가!

그 얌전한 엘로이즈는 어디 있는가?
아벨라르는 그녀 때문에 거세되어
생드니의 수도사가 되었지.
그의 고난도 사랑 때문이었지.
마찬가지로 그 여왕은 어디 있는가?
뷔리당을 자루에 넣어
센 강에 던지라고 명했던 여왕은?
그런데 지금 옛날의 눈은 어디 있는가!

인어 사이렌의 목소리로 노래하며
백합같이 하얗던 불랑시 왕후,
발이 큰 베르트 태후, 비에트리스, 알리스,
멘 주를 다스렸던 아랑부르주 부인
그리고 영국인들이 루앙에서 불태워 죽인

Qu'Anglois bruslèrent à Rouen ;
Où sont - ilz, Vierge souveraine ? …
Mais où sont les neiges d'antan !

ENVOI

Prince, n'enquerez de sepmaine
Où elles sont, ne de cest an,
Qu'à ce refrain ne vous remaine :
Mais où sont les neiges d'antan !

로렌의 착한 처녀 잔 다르크,
그녀들은 어디 있는가, 성모 마리아여?
그런데 지금 옛날의 눈은 어디 있는가!

(헌사)

대공이여, 묻지 마소서, 금년에도
내년에도 그녀들이 어디 있냐고.
다만 이 후렴만 바치나이다.
그런데 지금 옛날의 눈은 어디 있는가!

De la jeune dame qui a vieil mari

(Rondeau)

Clément Marot (1497 - 1544)

En languissant et en griève tristesse
Vit mon las cœur, jadis plein de liesse,
Puisque l'on m'a donné mari vieillard.
Hélas, pourquoi ? Rien ne sait du vieil art
Qu'apprend Vénus, l'amoureuse déesse.

Par un désir de montrer ma prouesse
Souvent l'assaut : mais il demande : "où est - ce ?",
ou dort (peut - être), et mon cœur veille à part
En languissant.

Puis quand je veux lui jouer de finesse,
Honte me dit : " Cesse, ma fille, cesse,
Garde - t'en bien, à honneur prends égard."
Lors je réponds : " Honte, allez à l'écart :
Je ne veux pas perdre ainsi ma jeunesse
En languissant."

늙은 남편을 둔 젊은 부인

(롱도)

클레망 마로(1497 - 1544)

한때는 기쁨에 가득 찼던 내 마음
늙은 남편과 살게 되니 시름겹고 서글퍼
지쳐 가노라. 아이고 왜 그럴까?
사랑의 신 비너스가 가르쳐주는
그 늙은 기술을 하나도 모르니까.

내 용기를 보여주려는 욕심으로
종종 그이를 덮치면 "여기 어디야?" 하며
묻거나 잠든 척하니 내 마음만 외로워
서글피 밤새우네.

다음에 내가 세심하게 장난을 걸려고 하면
부끄러워하며 말한다네. "그만해요, 아가씨.
좀 참아요. 체통을 지켜요."
그러면 난 이렇게 대답한다네.
"부끄러움은 저리로 던져버려요.
이렇게 시들어가며 청춘을 허비하고 싶지 않아요."

J'ai perdu ma tourterelle

(Villanelle)*

Jean Passerat (1534 - 1602)

J'ai perdu ma tourterelle,
N'est - ce point celle que j'oy** ?
J'ai perdu ma tourterelle,
Je veux aller après elle.

Tu regrettes ta femelle,
Hélas! aussi fais - je moi ;
J'ai perdu ma tourterelle,
Je veux aller après elle.

Si ton amour est fidèle,
Aussi est ferme ma foi ;
J'ai perdu ma tourterelle,
Je veux aller après elle.

En ne voyant plus la belle,
Plus rien de beau je ne voy :
J'ai perdu ma tourterelle,
Je veux aller après elle.

Mort, que tant de fois j'appelle,
Prends ce qui se donne à toi:
J'ai perdu ma tourterelle,
Je veux aller après elle.

(*) La Villanelle est une sorte de chanson villageoise remontant au XVIe siècle, que l'on chantait en dansant, d'où son rythme allègre et des paroles simples.

(**) ... que j'entends, en vieux Français.

멧비둘기를 놓쳤네

(빌라넬*)

장 파스라(1534 - 1602)

멧비둘기를 놓쳤네,
저기 우는 저 놈 아닐까?
멧비둘기를 놓쳤네,
잡으러 쫓아가고 싶네.

자네도 암컷을 잃었나보군,
아이고! 나도 그렇다네.
멧비둘기를 놓쳤네,
잡으러 쫓아가고 싶네.

자네의 사랑이 굳건하다면
나의 믿음도 마찬가지라네.
멧비둘기를 놓쳤네,
잡으러 쫓아가고 싶네.

그 예쁜 암컷을 보지 못하니
그 이상 예쁜 게 보이지 않네.
멧비둘기를 놓쳤네,
잡으러 쫓아가고 싶네.

죽도록 수백 번 불러보네.
자네에게 오는 놈을 잡게나.
멧비둘기를 놓쳐버렸네,
잡으러 쫓아가고 싶네.

(*) 빌라넬은 16세기까지 거슬러가는 토속 민요의 일종으로 춤곡이다. 그래서 가락이 가볍고 가사는 단순하다.

(**) 원문의 j'oy는 현대 프랑스어로는 que j'entends를 뜻함.

Je vis, je meurs ; je me brûle et me noie

(Sonnet)

Louise Labé (1524 - 1566)

Je vis, je meurs ; je me brûle et me noie ;
J'ai chaud extrême en endurant froidure :
La vie m'est et trop molle et trop dure.
J'ai grands ennuis entremêlés de joie.

Tout à un coup je ris et je larmoie,
Et en plaisir maint grief tourment j'endure ;
Mon bien s'en va, et à jamais il dure ;
Tout en un coup je sèche et je verdoie.

Ainsi Amour inconstamment me mène ;
Et, quand je pense avoir plus de douleur,
Sans y penser je me trouve hors de peine.

Puis, quand je crois ma joie être certaine,
Et être au haut de mon désiré heur,
Il me remet en mon premier malheur.

살다가 죽다가 불타고 물에 빠지고

(소네트)

루이즈 라베(1524 - 1566)

살다가 죽다가 불타고 물에 빠지고
차가움을 견디니 끔찍이 덥구나.
내 인생은 너무도 약하고 모질구나.
기쁨이 뒤섞인 큰 근심이 많구나.

문득 웃다가 눈물 흘리나니
기쁨 속에서도 온갖 심한 고초를 견디노라.
좋은 것은 가버리고 고통은 계속되니
나는 문득 시들다가 초록빛이 감돌기도 하네.

그렇게 사랑은 변덕스럽게 나를 이끄네.
그래서, 괴로움이 더 많다는 생각이 들면
그 생각을 버리고 고통에서 벗어나네.

그리고 즐거움이 확실하다는 생각이 들면
그래서 바라던 시간의 정점에 있다고 믿으면
나는 다시 처음의 불행 속으로 빠져드네.

France, mère des arts, des armes et des lois

(Sonnet)

Joachim du Bellay (1522 - 1560)

France, mère des arts, des armes et des lois,
Tu m'as nourri longtemps du lait de ta mamelle :
Ores, comme un agneau qui sa nourrice appelle,
Je remplis de ton nom les antres et les bois.

Si tu m'as pour enfant avoué quelquefois,
Que ne me réponds - tu maintenant, ô cruelle ?
France, France, réponds à ma triste querelle.
Mais nul, sinon Écho, ne répond à ma voix.

Entre les loups cruels j'erre parmi la plaine,
Je sens venir l'hiver, de qui la froide haleine
D'une tremblante horreur fait hérisser ma peau.

Las, tes autres agneaux n'ont faute de pâture,
Ils ne craignent le loup, le vent ni la froidure :
Si ne suis - je pourtant le pire du troupeau.

프랑스, 예술과 군사력과 법률의 조국

(소네트)

조아생 뒤 벨레(1522 - 1560)

프랑스, 예술과 군사력과 법률의 어머니여,
그대는 나를 오랜 세월 그대 젖가슴으로 키워주었다.
지금 나는 젖어미를 찾는 새끼양처럼 동굴과 숲을
그대를 부르는 이름으로 가득 채운다.

그대는 나를 자식이라 밝힌 적도 있었건만
지금은 무슨 대답이 없는가, 오 잔인한 이여!
프랑스, 프랑스여, 내 슬픈 항의에 대답해다오.
그런데 오직 메아리만 내 목소리에 응답하는구나.

잔인한 이리떼 사이에서 나는 들판을 헤맨다.
나는 겨울이 다가옴을 느끼나니, 그 차디찬 입김이
소름 끼치는 공포로 나를 흔든다.

아! 너희들 어린 양들은 돌봐주는 목동이 있구나,
그 양들은 늑대도 바람도 추위도 두렵지 않구나.
그렇지만 나는 세상에서 가장 가련하지 않으냐?

Quand vous serez bien vieille, au soir, à la chandelle

(Sonnet)

Pierre de Ronsard (1524 - 1585)

Quand vous serez bien vieille, au soir, à la chandelle,
Assise auprès du feu, dévidant et filant,
Direz, chantant mes vers, en vous émerveillant :
Ronsard me célébrait du temps que j'étais belle.

Lors, vous n'aurez servante oyant telle nouvelle,
Déjà sous le labeur à demi sommeillant,
Qui au bruit de mon nom ne s'aille réveillant,
Bénissant votre nom de louange immortelle.

Je serai sous la terre et fantôme sans os,
Par les ombres myrteux je prendrai mon repos :
Vous serez au foyer une vieille accroupie,

Regrettant mon amour et votre fier dédain.
Vivez, si m'en croyez, n'attendez à demain :
Cueillez dés aujourd'hui les roses de la vie.

그대가 아주 늙어 저녁마다 촛불 아래서

(소네트)

피에르 드 롱사르(1524 - 1585)

그대가 아주 늙어 저녁마다 난롯가에 앉아
촛불 아래서 실타래에 실을 감고 풀고 할 때가 되면
내가 지은 시 구절을 읊으면서 감동하여 말하리라.
내 젊었던 시절 롱사르가 나를 찬양했었는데 하며

그때면 벌써 일에 지쳐 반쯤은 졸던 하녀들 중에
그대의 이름을 불멸의 찬사로 축복하던
롱사르라는 내 이름에, 그대의 말을 듣다가
졸음에서 깨어나지 않을 하녀가 없겠지만,

나는 뼈 없는 유령이 되어 땅 속에 누워 있으리라.
나는 도금양 나무 그늘에서 쉬고 있을테고,
그대는 아궁이에 쭈그린 노파가 되어 있으리라,

내 사랑을 그리워하고 그대의 오만했던 멸시를 후회하면서.
그러니 내 말을 믿고, 인생을 사시오, 내일을 기다리지 말고,
바로 오늘부터 인생의 장미꽃을 따시오.

La laitière et le pot au lait

(Fable en vers : alexandrins et octosyllabes mélangés)

Jean de La Fontaine (1621 - 1695)

Perrette sur sa tête ayant un Pot au lait
Bien posé sur un coussinet,
Prétendait arriver sans encombre à la ville.
Légère et court vêtue elle allait à grands pas ;
Ayant mis ce jour - là, pour être plus agile,
Cotillon simple, et souliers plats.
Notre laitière ainsi troussée
Comptait déjà dans sa pensée
Tout le prix de son lait, en employait l'argent,
Achetait un cent d'œufs, faisait triple couvée ;
La chose allait à bien par son soin diligent.
Il m'est, disait - elle, facile,
D'élever des poulets autour de ma maison :
Le Renard sera bien habile,
S'il ne m'en laisse assez pour avoir un cochon.
Le porc à s'engraisser coûtera peu de son ;
Il était quand je l'eus de grosseur raisonnable :
J'aurai le revendant de l'argent bel et bon.
Et qui m'empêchera de mettre en notre étable,
Vu le prix dont il est, une vache et son veau,
Que je verrai sauter au milieu du troupeau ?
Perrette là - dessus saute aussi, transportée.
Le lait tombe ; adieu veau, vache, cochon, couvée ;

우유 파는 아낙과 우유 단지

(운문 우화, 12음절 시행과 10음절 시행 혼합)

장 드 라퐁텐(1621 - 1695)

페레트는 머리에 받침대를 얹고
그 위에 우유 단지를 고이 이고서
무사히 시장에 도착할 생각이었네.
그녀는 짧고 가벼운 옷차림으로
성큼성큼 걸어서 갔네.
그날은 몸놀림이 더 가볍게
짧은 치마에 굽 낮은 신을 신고
그렇게 옷자락을 걷어 올린 우유 장수는
머릿속으로는 벌써 우유 값을 다 계산해서
돈을 쓸 생각에 빠져들었네.
달걀 백 개를 사서 세 번 부화시키고
부지런히 돌보면 잘 되겠지 하며.
집 주변에서 병아리를 키우는 것은
쉬운 일이라며 중얼거렸네.
아주 약고 날쌘 여우 때문에
병아리가 몇 마리 남지 않아도
돼지 한 마리는 살 수 있겠지,
돼지 살찌우는 데는 얼마 안 들 거야,
살 때부터 충분히 큰 놈으로 살 거야,
되팔면 돈이 꽤 생기겠지,
돼지 판 값으로 암소와 송아지를 사서
외양간에 넣으면 놈들이 양떼들과
뒤섞여 뛰노는 걸 보게 되겠지?

La dame de ces biens, quittant d'un œil marri
Sa fortune ainsi répandue,
Va s'excuser à son mari
En grand danger d'être battue.
Le récit en farce en fut fait ;
On l'appela le Pot au lait.

그 생각에 흥분해서 페레트도 펄쩍 뛰었더니
우유통은 머리에서 떨어지고
송아지도 암소도 돼지도 병아리도 사라져버렸네.
그 아낙은 안타까운 눈길로 그 좋은 것들을
쏟아져 버린 재산을 떠나 보내며
남편에게 매맞을 걱정을 잔뜩 안고
남편에게 용서를 빌러 간다네.
이 우스개 이야기는 여기서 연유했으므로
사람들은 〈우유 단지〉라고 불렀다네.

À Fanny

(Élégie en cinq sixains)

André Chénier (1762 - 1794)

Fanny, l'heureux mortel qui près de toi respire
Sait, à te voir parler et rougir et sourire,
De quels hôtes divins le ciel est habité.
La grâce, la candeur, la naïve innocence
Ont, depuis ton enfance,
De tout ce qui peut plaire enrichi ta beauté.

Sur tes traits, où ton âme imprime sa noblesse,
Elles ont su mêler aux roses de jeunesse
Ces roses de pudeur, charmes plus séduisants,
Et remplir tes regards, tes lèvres, ton langage,
De ce miel dont le sage
Cherche lui - même en vain à défendre ses sens.

Oh ! que n'ai - je moi seul tout l'éclat et la gloire
Que donnent les talents, la beauté, la victoire,
Pour fixer sur moi seul ta pensée et tes yeux ;
Que, loin de moi, ton cœur fût plein de ma présence,
Comme, dans ton absence,
Ton aspect bien - aimé m'est présent en tous lieux !

Je pense : Elle était là ; tous disaient : “ Qu'elle est belle ! ”
Tels furent ses regards, sa démarche fut telle,

파니에게

(비가, 6행연으로 된 5연의 시)

앙드레 셰니에(1762 - 1794)

파니, 그대 곁에서 숨쉬는 행복한 남자는
말하는 도중에 그대가 얼굴을 붉히는 걸 보면
하늘에 무슨 신성한 주인들이 사는지 알지.
우아함과 명랑함, 천진무구함은 어린 시절부터
그대를 즐겁게 해주는 모든 것을 가지고서
그대의 아름다움을 풍부하게 만들어주었지.

그대의 성격은 고귀한 영혼이 새겨진 표정 위에
젊음의 장미꽃에 더욱 매력적으로 어울리는
수줍음 타는 장미꽃들을 섞어넣었고
눈길과 입술과 말투를 채웠지.
현자라고 해도 이성을 지키기 어려운
그런 달콤한 꿀을 가지고서.

오호! 나 혼자만이 재능과 미모와 승리가 주는
모든 광채와 영광을 가지고서
나 혼자만이 그대의 생각과 눈빛을 간직한다네!
멀리 있는 그대의 가슴은 내 존재로 가득했으니
지금 그대가 없어도 사랑하는 그대의 모습은
어떤 곳에서든 모두 내게 있구나!

생각나네. 그녀가 여기 있을 때 모두가
"저 여자 참 예쁘네요!"라고 말했지. 눈빛과 거동이,

Et tels ses vêtements, sa voix et ses discours.
Sur ce gazon assise, et dominant la plaine,
Des méandres de Seine,
Rêveuse, elle suivait les obliques détours.

Ainsi dans les forêts j'erre avec ton image ;
Ainsi le jeune faon, dans son désert sauvage,
D'un plomb volant percé, précipite ses pas.
Il emporte en fuyant sa mortelle blessure ;
Couché près d'une eau pure,
Palpitant, hors d'haleine, il attend le trépas.

입은 옷이랑 목소리도, 하는 말도 예쁘다고.
구불구불 흐르는 센 강과 들판이 내려다보이는
이 풀밭에 앉아 몽상에 잠긴 그녀는
비스듬한 강줄기들에 눈길을 주고 있었네.

그렇게 나는 그대의 모습 그리며 숲속을 헤매네.
그렇게 젊은 공작새는 야생의 사막에서
날아오르는 납덩이에 찔려 걸음을 서두르네.
죽을 것 같은 상처를 피하며
깨끗한 물가에 누워 숨을 헐떡이며
파닥거리며 죽음의 운명을 기다리네.

Les roses de Saadi

(Suite de trois tercets)

Marceline Desbordes - Valmore (1786 - 1859)

J'ai voulu ce matin te rapporter des roses ;
Mais j'en avais tant pris dans mes ceintures closes
Que les nœuds trop serrés n'ont pu les contenir.

Les nœuds ont éclaté. Les roses envolées
Dans le vent, à la mer s'en sont toutes allées.
Elles ont suivi l'eau pour ne plus revenir ;

La vague en a paru rouge et comme enflammée.
Ce soir, ma robe encore en est tout embaumée …
Respires - en sur moi l'odorant souvenir.

사아디의 장미

(3행연 세 개 붙임)

마르슬린 데보르드 - 발모르(1786 - 1859)

오늘 아침 그대에게 장미를 바치고 싶었어요.
그런데 꼭 낀 허리띠에 하도 많이 꽂다보니
매듭이 너무 조여 다 담을 수 없었어요.

매듭은 터지고 장미들은 바람에 날아갔어요.
모두 다 바다 쪽으로 가버렸어요.
바닷물을 따라 흘러가 돌아오지 못했어요.

파도는 붉게 물들어 불타는 것 같았어요.
오늘 밤, 내 옷엔 아직도 장미 향기 가득해요…
내게 남은 향기로운 장미의 추억을 들이마셔요.

L'automne

(Quatrains en alexandrins à rimes croisées)

Alphonse de Lamartine (1790 - 1869)

Salut ! bois couronnés d'un reste de verdure !
Feuillages jaunissants sur les gazons épars !
Salut, derniers beaux jours ! Le deuil de la nature
Convient à la douleur et plaît à mes regards !

Je suis d'un pas rêveur le sentier solitaire,
J'aime à revoir encor, pour la dernière fois,
Ce soleil pâlissant, dont la faible lumière
Perce à peine à mes pieds l'obscurité des bois !

Oui, dans ces jours d'automne où la nature expire,
A ses regards voilés, je trouve plus d'attraits,
C'est l'adieu d'un ami, c'est le dernier sourire
Des lèvres que la mort va fermer pour jamais !

Ainsi, prêt à quitter l'horizon de la vie,
Pleurant de mes longs jours l'espoir évanoui,
Je me retourne encore, et d'un regard d'envie
Je contemple ses biens dont je n'ai pas joui !

Terre, soleil, vallons, belle et douce nature,
Je vous dois une larme aux bords de mon tombeau ;
L'air est si parfumé ! la lumière est si pure !
Aux regards d'un mourant le soleil est si beau !

가을

(12음절 시구에 교차운을 가진 4행연의 시)

알퐁스 드 라마르틴(1790 - 1869)

안녕! 초록빛 여운으로 왕관을 두른 숲이여!
여기저기 흩어진 풀밭 위 노래진 이파리들이여!
안녕, 마지막 남은 좋은 계절이여! 자연의 죽음이여,
내 마음에는 고통과 같은데 두 눈에는 보기 좋구나.

나는 몽상의 걸음으로 오솔길을 따라간다.
마지막으로 한 번 더 보고 싶다, 창백해진 태양을.
약해진 햇살은 내 발끝까지 드리워져
숲 그늘 속으로 새어 든다.

그렇다. 자연이 죽어가는 이 가을날에
베일 쓴 눈길로 나는 더 많은 매력을 본다
그것은 친구와의 작별인사. 죽음이 영영
다물게 할 입술의 마지막 미소다.

그렇게 삶의 지평선을 떠날 준비를 하고서
내 오랜 세월에서 사라지는 희망에 눈물 흘리며
나는 다시 몸을 돌리고 부드러움의 눈길로
내가 즐기지 못한 아름다운 것들을 관조한다.

대지와 태양, 계곡, 아름답고 달콤한 자연이여,
내 무덤 가까이서 너희에게 눈물 한 방울 바치나니
바람은 향기롭구나! 햇빛은 깨끗하구나!
죽어가는 사람의 눈에 태양은 아름답구나.

Je voudrais maintenant vider jusqu'à la lie
Ce calice mêlé de nectar et de fiel !
Au fond de cette coupe où je buvais la vie,
Peut - être restait - il une goutte de miel ?

Peut - être l'avenir me gardait - il encore
Un retour de bonheur dont l'espoir est perdu ?
Peut - être dans la foule, une âme que j'ignore
Aurait compris mon âme, et m'aurait répondu ? …

La fleur tombe en livrant ses parfums au zéphire ;
A la vie, au soleil, ce sont là ses adieux ;
Moi, je meurs; et mon âme, au moment qu'elle expire,
S'exhale comme un son triste et mélodieux.

꽃물과 담즙이 함께 섞인 저 꽃받침의 잔을
나는 찌꺼기까지 비워내고 싶구나!
내가 생명수를 마시던 저 잔 밑바닥에
혹시 달콤한 꿀 한 방울 남아 있었던가?

어쩌면 미래가 여전히 내게 지켜주었던가?
행복이 돌아온다는 기약을. 그럴 가망도 없는데.
어쩌면 군중 속에서 내가 모르는 어떤 영혼이
내 영혼을 이해하고 내게 대답해 줄 것인가?…

떨어지는 꽃은 미풍에 향기를 맡긴다.
그것은 인생과 태양에 보내는 작별인사다.
나는 죽는다, 죽어가는 순간 내 영혼은
서글픈 선율의 음향처럼 피어오른다.

Vers dorés

(Sonnet)

Gérard de Nerval (1808 - 1855)

Homme ! libre penseur - te crois - tu seul pensant
Dans ce monde où la vie éclate en toute chose :
Des forces que tu tiens ta liberté dispose,
Mais de tous tes conseils l'univers est absent.

Respecte dans la bête un esprit agissant : ...
Chaque fleur est une âme à la Nature éclose ;
Un mystère d'amour dans le métal repose :
"Tout est sensible ! " - Et tout sur ton être est puissant !

Crains dans le mur aveugle un regard qui t'épie
A la matière même un verbe est attaché ...
Ne la fais pas servir à quelque usage impie !

Souvent dans l'être obscur habite un Dieu caché ;
Et comme un œil naissant couvert par ses paupières,
Un pur esprit s'accroît sous l'écorce des pierres !

황금의 시*

(소네트)

제라르 드 네르발(1808 - 1855)

인간이여, 자유롭게 사유하는 존재여!
만물에서 생명이 터져나오는 이 세계에서
그대만이 홀로 생각한다고 믿는가.
그대는 여러 능력을 마음대로 다루지만
우주에는 그대들의 걱정 따윈 없다네.

짐승에게도 살아 움직이는 정신을 존중하게나.
모든 꽃은 저마다 대자연에 핀 하나의 영혼이라네.
쇠붙이에도 사랑의 신비가 쉬고 있다네.
"만물은 감각 가능하도다."
그러니 만물은 그대의 존재보다 강력하다네.

눈 없는 벽에서 그대를 염탐하는 시선을 두려워하게
물질에도 하나의 말이 붙어 있다네…
물질을 불경한 용도로 사용하지 말게나!

하찮은 존재 안에도 종종 신이 숨어 있다네.
눈을 뜰 때 눈꺼풀에 눈이 덮여 있듯이
돌멩이 껍질 속에도 순수 정신이 자라고 있다네!

* 이 시는 소네트 형식이라 앞의 두 개의 연은 4행이지만 본 번역에서는 우리말의 음절 수와 리듬을 고려하여 부득이 5행으로 옮긴다.

À George Sand (III)

(Sonnet)

Alfred de Musset (1810 - 1857)

Puisque votre moulin tourne avec tous les vents,
Allez, braves humains, où le vent vous entraîne ;
Jouez, en bons bouffons, la comédie humaine ;
Je vous ai trop connus pour être de vos gens.

Ne croyez pourtant pas qu'en quittant votre scène,
Je garde contre vous ni colère ni haine,
Vous qui m'avez fait vieux peut - être avant le temps ;
Peu d'entre vous sont bons, moins encor sont méchants.

Et nous, vivons à l'ombre, ô ma belle maîtresse !
Faisons - nous des amours qui n'aient pas de vieillesse ;
Que l'on dise de nous, quand nous mourrons tous deux :

Ils n'ont jamais connu la crainte ni l'envie ;
Voilà le sentier vert où, durant cette vie,
En se parlant tout bas, ils souriaient entre eux.

조르주 상드에게 (3)

(소네트)

알프레드 드 뮈세(1810 - 1857)

당신들의 풍차는 아무 바람에나 도니까
자, 씩씩한 사람들아, 바람부는 데로 가시오.
멋쟁이 광대가 되어 인간 희극을 연기하시라.
나는 그대들을 너무 잘 알기에 같은 사람이 될 수 없소.

그렇다고 당신들의 무대를 떠나면서
내가 당신들에게 화를 내거나 미워한다고 생각지 마시오.
어쩌면 당신들은 나를 시간보다 늙게 만들었소.
당신들 중에 착한 이는 드물고 나쁜 이는 더 적소.

아, 나의 어여쁜 애인이여! 그러니 우리는 그늘 속에 살아요.
우리는 늙지 않는 사랑을 만들기로 해요.
우리 둘이서 죽을 때 남들이 무슨 말을 하든지.

저 사람들은 두려움도 부러움도 배운 적 없어요.
저기 초록빛 오솔길에서 우리가 사는 동안
나직이 말을 나누면서 서로 웃음이나 짓고 있었죠.

Clair de lune

(Quatrains en alexandrins à rimes embrassées)

Victor Hugo (1802 - 1885)

La lune était sereine et jouait sur les flots. -
La fenêtre enfin libre est ouverte à la brise,
La sultane regarde, et la mer qui se brise,
Là - bas, d'un flot d'argent brode les noirs îlots.

De ses doigts en vibrant s'échappe la guitare.
Elle écoute … Un bruit sourd frappe les sourds échos.
Est - ce un lourd vaisseau turc qui vient des eaux de Cos,
Battant l'archipel grec de sa rame tartare ?

Sont - ce des cormorans qui plongent tour à tour,
Et coupent l'eau, qui roule en perles sur leur aile ?
Est - ce un djinn qui là - haut siffle d'une voix grêle,
Et jette dans la mer les créneaux de la tour ?

Qui trouble ainsi les flots près du sérail des femmes ? -
Ni le noir cormoran, sur la vague bercé,
Ni les pierres du mur, ni le bruit cadencé
Du lourd vaisseau, rampant sur l'onde avec des rames.

Ce sont des sacs pesants, d'où partent des sanglots.
On verrait, en sondant la mer qui les promène,
Se mouvoir dans leurs flancs comme une forme humaine … -
La lune était sereine et jouait sur les flots.

달빛

(12음절 시구에 포옹운으로 이루어진 4행연의 시)

빅토르 위고(1802 - 1885)

달빛은 잔잔히 물결 위에 놀았지.
자유로워진 창문은 산들바람에 열리고
술탄의 왕비는 바라보네, 저 멀리 부서지는
바다는 은빛 물결로 까만 섬들을 꾸며주네.

손가락 사이로 기타 소리 떨리며 새어나오고
왕비는 귀 기울이네… 작은 소리가 작은 메아리를 울리네.
타르타르의 노로 그리스의 열도를 때리는
코스 해에서 온 저것은 육중한 튀르키예 함선인가?

날개 위로 진주알을 굴리며 바닷물을 가르고
번갈아 물속으로 뛰어드는 저것은 가마우지들인가?
저기 높은 곳에서 가녀린 목소리로 휘파람 불며
성탑의 감시구멍을 물속으로 던지는 공기의 정령인가?

그렇게 여인들의 후궁 가까이서 물결을 어지럽히는가?
잔잔한 물결 위 검은 가마우지도 아니고
성벽의 돌담도 아니고, 노 저어 물결을 오르는
육중한 배의 박자 맞추는 소리도 아니다.

그것은 흐느낌이 새어 나오는 무거운 자루들,
그걸 끌고 다니는 바다의 깊이를 재어본다면
그 옆구리로 인간의 형상 같은 움직임이 보이리니…
달빛은 잔잔히 물결 위에 놀고 있었네.

Elle était déchaussée, elle était décoiffée …

(Quatrains en alexandrins à rimes croisées)

Victor Hugo (1802 - 1885)

Elle était déchaussée, elle était décoiffée,
Assise, les pieds nus, parmi les joncs penchants ;
Moi qui passais par là, je crus voir une fée,
Et je lui dis : Veux - tu t'en venir dans les champs ?

Elle me regarda de ce regard suprême
Qui reste à la beauté quand nous en triomphons,
Et je lui dis : Veux - tu, c'est le mois où l'on aime,
Veux - tu nous en aller sous les arbres profonds ?

Elle essuya ses pieds à l'herbe de la rive ;
Elle me regarda pour la seconde fois,
Et la belle folâtre alors devint pensive.
Oh ! comme les oiseaux chantaient au fond des bois !

Comme l'eau caressait doucement le rivage !
Je vis venir à moi, dans les grands roseaux verts,
La belle fille heureuse, effarée et sauvage,
Ses cheveux dans ses yeux, et riant au travers.

그녀는 맨발에 헝크러진 머리로…

(12음절 시구에 교차운으로 이루어진 4행연의 시)

빅토르 위고(1802 - 1885)

그녀는 신발은 벗고 머리는 헝크러진 채로
등나무 늘어진 그늘에 맨발로 앉아 있었네.
그곳을 지나던 나는 요정을 보는 줄 알았네.
그래서 말을 걸었네. 들판으로 가보지 않을래요?

그녀는 그 멋진 눈길로 나를 바라보았네.
우리가 용감해질 때도 그 눈길은 여전히 아름답다네.
그래서 또 말했네. 사랑하기 좋은 계절이죠?
더 깊은 나무 그늘로 가지 않을래요?

그녀는 강변의 풀에 발을 닦았네.
그리고는 두번째로 나를 바라보았고
장난끼 많은 그 미인은 생각에 잠겼네.
아! 숲속에서는 새들이 얼마나 지저귀던지!

강물은 얼마나 부드럽게 강변을 쓰다듬던지!
나는 보았네, 길게 자란 초록 갈대 숲에서
행복에 겁먹은 야생의 그 예쁜 소녀가 다가오는 것을
머리카락에 두 눈을 묻고 환하게 웃음 지으며.

Demain, dès l'aube

(Quatrains en alexandrins à rimes croisées)

Victor Hugo (1802 - 1885)

Demain, dès l'aube, à l'heure où blanchit la campagne,
Je partirai. Vois - tu, je sais que tu m'attends.
J'irai par la forêt, j'irai par la montagne.
Je ne puis demeurer loin de toi plus longtemps.

Je marcherai les yeux fixés sur mes pensées,
Sans rien voir au dehors, sans entendre aucun bruit,
Seul, inconnu, le dos courbé, les mains croisées,
Triste, et le jour pour moi sera comme la nuit.

Je ne regarderai ni l'or du soir qui tombe,
Ni les voiles au loin descendant vers Harfleur,
Et quand j'arriverai, je mettrai sur ta tombe
Un bouquet de houx vert et de bruyère en fleur.

내일 새벽 동트자 마자

(교차운에 12음절 시구의 4행연의 시)

빅토르 위고(1802 - 1885)

내일 새벽 동트자 마자 들판이 희미할 때 떠나마.
그래, 네가 날 기다린다는 걸 안다.
수풀을 헤쳐가마, 산을 질러 가마.
더 이상 오래 멀리 떨어져 있을 수가 없구나.

아무 것도 보지 않고 아무 소리도 듣지 않고
두 눈은 생각에 고정하고 걸어가마.
홀로, 아무도 모르게, 몸 숙이고, 두 손 마주잡고
슬프게. 그러면 내게는 낮도 밤 같겠지.

황금빛 저녁이 내리는 것도
멀리 아르플뢰르 항구로 내려가는 돛단배도 안 보련다.
그렇게 네 무덤에 도착하면 바치마,
초록 호랑가시나무와 히드 꽃 한 다발을.

Sérénade

(Quatrains en octosyllabes et rimes croisées)

Théophile Gautier (1811 - 1872)

Sur le balcon où tu te penches
Je veux monter … efforts perdus !
Il est trop haut, et tes mains blanches
N'atteignent pas mes bras tendus.

Pour déjouer ta duègne avare,
Jette un collier, un ruban d'or ;
Ou des cordes de ta guitare
Tresse une échelle, ou bien encor …

Ôte tes fleurs, défais ton peigne,
Penche sur moi tes cheveux longs,
Torrent de jais dont le flot baigne
Ta jambe ronde et tes talons.

Aidé par cette échelle étrange,
Légèrement je gravirai,
Et jusqu'au ciel, sans être un ange,
Dans les parfums je monterai !

세레나데

(10음절 교차운으로 이루어진 4행연의 시)

테오필 고티에(1811 - 1872)

그대가 기대어 선 발코니 위로
나도 올라가고 싶지만… 노력은 실패!
발코니는 너무 높고, 그대의 하얀 손은
내가 뻗은 두 손에 닿지 못하네.

그대의 야박한 시종을 속이려면
목걸이나 금 리본을 던져 줘야지.
아니면 그대의 기타 줄로
사다리를 짜거나 아니면 또…

그대의 꽃은 치워줘요. 머리빗도 내리고
그대의 긴 머리칼들 내게로 기울여줘요.
그대의 종아리와 발뒤꿈치를 물결로 적시는
옛날의 급류 같은 그 머리칼들을.

그 신비한 사다리의 도움으로
나는 가볍게 기어오르겠소.
천사도 아니면서 하늘까지 올라가서
향기 속으로 빠져들겠소.

Lydia

(Quatrains en octosyllabes, à rimes embrassées)

Charles - Marie Leconte de Lisle (1818 - 1894)

Lydia, sur tes roses joues,
Et sur ton col frais et plus blanc
Que le lait, coule étincelant
L'or fluide que tu dénoues.

Le jour qui luit est le meilleur
Oublions l'éternelle tombe.
Laisse tes baisers de colombe
Chanter sur tes lèvres en fleur.

Un lys caché répand sans cesse
Une odeur divine en ton sein :
Les délices, comme un essaim,
Sortent de toi, jeune Déesse !

Je t'aime et meurs, ô mes amours !
Mon âme en baisers m'est ravie.
Ô Lydia, rends - moi la vie,
Que je puisse mourir toujours !

리디아

(10음절 시행의 포옹운으로 이루어진 4행연의 시)

샤를-마리 르콩트 드 릴(1818-1894)

리디아, 그대 장밋빛 볼에
청신하고 새하얀 목덜미에
반짝이는 젖이 흐르네요.
황금빛 액체를 풀어내네요.

반짝이는 햇살이 가장 좋아요.
무덤은 영원히 잊기로 해요.
꽃 피어난 그대 입술에
비둘기의 입맞춤으로 노래 불러요.

그대 가슴에 감추어진 백합 한 송이
끊임없이 신성한 향기를 퍼뜨리네요.
꿀벌 통에서 나오듯 열락의 기쁨들이
그대에게서 나오니, 젊은 여신이어라!

오 내 사랑이여, 그대를 죽도록 사랑해요!
내 영혼은 입맞춤에 황홀했어요,
오 리디아, 내게 생명을 돌려줘요,
내가 영원히 죽어갈 수 있도록!

Conseil

(Sonnet)

Théodore de Banville (1823 - 1891)

Eh bien ! mêle ta vie à la verte forêt !
Escalade la roche aux nobles altitudes.
Respire, et libre enfin des vieilles servitudes,
Fuis les regrets amers que ton cœur savourait.

Dès l'heure éblouissante où le matin paraît,
Marche au hasard ; gravis les sentiers les plus rudes.
Va devant toi, baisé par l'air des solitudes,
Comme une biche en pleurs qu'on effaroucherait.

Cueille la fleur agreste au bord du précipice.
Regarde l'antre affreux que le lierre tapisse
Et le vol des oiseaux dans les chênes touffus.

Marche et prête l'oreille en tes sauvages courses ;
Car tout le bois frémit, plein de rythmes confus,
Et la Muse aux beaux yeux chante dans l'eau des sources.

조언

(소네트)

테오도르 드 방빌(1823 - 1891)

자 어서! 자네의 삶을 푸른 숲으로 보내게나!
고귀하게 높은 곳까지 바위를 기어오르고
숨을 내쉬며 해묵은 예속에서 벗어나게나.
자네 마음에서 맛보던 쓰라린 후회들도 내던지게나.

동이 터오는 눈부시게 환한 시각부터 되는대로
걸어가게나. 거친 오솔길을 올라가게나.
고독의 대기에 입맞춤 받으며 앞으로 가게나.
사람들이 겁주면 눈물 흘리는 암사슴처럼.

벼랑에 핀 야생의 꽃을 따게나.
송악 줄기 우거진 무서운 동굴을 들여다보고
무성한 전나무 숲속에서 날아오르는 새들을 바라보게나.

걷다가 거칠게 달려가며 귀를 기울이게나.
온 숲이 어지러운 리듬으로 가득히 흔들리고
눈이 아름다운 뮤즈가 샘물 소리로 노래하고 있으니.

Le vase brisé

(Quatrains en octosyllabes, à rimes croisées)

Sully Prudhomme (1839 - 1907)

Le vase où meurt cette verveine
D’un coup d’éventail fut fêlé ;
Le coup dut l’effleurer à peine :
Aucun bruit ne l’a révélé.

Mais la légère meurtrissure,
Mordant le cristal chaque jour,
D’une marche invisible et sûre
En a fait lentement le tour.

Son eau fraîche a fui goutte à goutte,
Le suc des fleurs s’est épuisé ;
Personne encore ne s’en doute ;
N’y touchez pas, il est brisé.

Souvent aussi la main qu’on aime,
Effleurant le cœur, le meurtrit ;
Puis le cœur se fend de lui - même,
La fleur de son amour périt ;

Toujours intact aux yeux du monde,
Il sent croître et pleurer tout bas
Sa blessure fine et profonde ;
Il est brisé, n’y touchez pas.

깨어진 꽃병

(교차운에 10음절 시구로 된 4행연의 시)

쉴리 프뤼돔(1839 - 1907)

부채질 한 번에 금이 간 꽃병에
마련초 꽃이 시들어가네.
살짝 스치기만 했을 텐데
아무 소리도 나지 않았는데.

하지만 가볍게 긁힌 상처가
눈에 안 보이는 뚜렷한 걸음으로
날마다 유리병을 깨물며
서서히 한바퀴를 돌았네.

거기 신선한 물은 한 방울씩 새어
꽃들의 물기가 말라버렸네.
아직은 아무도 그걸 생각 못하지만.
건드리지 마세요, 꽃병이 깨졌어요.

사랑하는 이의 손길도 흔히 이렇게
마음을 건드려서 상처를 준답니다.
그러면 마음은 저절로 금이 가고,
사랑의 꽃은 시들어 버린답니다.

가늘고 깊은 마음의 상처는
언제나 사람들 눈엔 띄지 않지만
차츰 커지고 소리 없이 눈물 흘린답니다.
마음이 깨졌어요, 건드리지 마세요.

Antoine et Cléopâtre

(Sonnet)

José - Maria de Heredia *(1842 - 1905)*

Tous deux ils regardaient, de la haute terrasse,
L'Égypte s'endormir sous un ciel étouffant
Et le Fleuve, à travers le Delta noir qu'il fend,
Vers Bubaste ou Saïs rouler son onde grasse.

Et le Romain sentait sous la lourde cuirasse,
Soldat captif berçant le sommeil d'un enfant,
Ployer et défaillir sur son cœur triomphant
Le corps voluptueux que son étreinte embrasse.

Tournant sa tête pâle entre ses cheveux bruns
Vers celui qu'enivraient d'invincibles parfums,
Elle tendit sa bouche et ses prunelles claires ;

Et sur elle courbé, l'ardent Imperator
Vit dans ses larges yeux étoilés de points d'or
Toute une mer immense où fuyaient des galères.

안토니우스와 클레오파트라

(소네트)

조제-마리아 드 에레디아(1842-1905)

두 사람은 높은 테라스에서 바라보네.
숨막히는 하늘 아래로 이집트가 잠드는 것을,
나일강이 갈라놓은 검은 삼각주를 가로질러
부바스트나 사이스 쪽으로 기름진 물결이 흘러가는 것을.

어린 아이의 잠을 다독이는 포로가 된 군인
안토니우스는 무거운 갑옷 아래로 느끼네.
의기양양한 그의 가슴 위로 꼭 껴안은
관능의 육체가 꺾이며 무너지는 것을.

강력한 향기로 도취시키는 그 로마인을 향해
갈색 머릿결 사이로 창백한 얼굴을 돌리며
클레오파트라는 환한 입술과 눈동자를 내미네.

열정에 찬 사령관은 그녀 위로 몸을 숙인 채
금빛 반짝이는 별들이 뜬 그녀의 커다란 눈 속에서
갤리선들이 달아나던 드넓은 바다를 다 보았네.

Harmonie du soir

(Pantoum)*

Charles Baudelaire (1821 - 1867)

Voici venir les temps où vibrant sur sa tige
Chaque fleur s'évapore ainsi qu'un encensoir ;
Les sons et les parfums tournent dans l'air du soir ;
Valse mélancolique et langoureux vertige !

Chaque fleur s'évapore ainsi qu'un encensoir ;
Le violon frémit comme un cœur qu'on afflige ;
Valse mélancolique et langoureux vertige !
Le ciel est triste et beau comme un grand reposoir.

Le violon frémit comme un cœur qu'on afflige,
Un cœur tendre, qui hait le néant vaste et noir !
Le ciel est triste et beau comme un grand reposoir ;
Le soleil s'est noyé dans son sang qui se fige.

Un cœur tendre, qui hait le néant vaste et noir,
Du passé lumineux recueille tout vestige !
Le soleil s'est noyé dans son sang qui se fige …
Ton souvenir en moi luit comme un ostensoir !

(*) *Principe du pantoum : Le 2e vers de chaque quatrain devient le 1er vers du quatrain suivant et le 4e vers de chaque quatrain devient le 3e vers du quatrain suivant.*

저녁의 조화로움

(팡툼*)

샤를 보들레르(1821 - 1867)

꽃송이 하나하나 꽃대 위에서 파르르 떨며
향로처럼 사라지는 시간이 다가오네.
저녁 공기 속으로 소리와 향기가 감도나니,
우울한 왈츠여, 번민의 어지럼증이여!

꽃송이 하나하나 향로처럼 사라지네,
고통에 찬 가슴처럼 바이올린이 울리네.
우울한 왈츠여, 번민의 어지럼증이여!
하늘은 거대한 제단처럼 슬프고 아름답네.

바이올린은 상처받은 가슴처럼 떨리네,
광대한 암흑의 허무를 증오하는 연약한 심장이여!
하늘은 거대한 제단처럼 슬프고 아름다운데,
태양은 굳어가는 피 속에 빠져버렸네.

광대한 암흑의 허무를 증오하는 연약한 심장은
환히 빛나는 과거에서 온갖 어지럼증을 느끼네!
태양은 굳어가는 피 속에 빠져버렸네…
내 마음의 온갖 추억은 성체현시대처럼 빛나고 있네!

(*) 팡툼의 원칙 : 각각의 4행연 중 두 개의 시구는 이어지는 4행연의 첫째 시구가 되고 각각의 4행연의 넷째 시구는 이어지는 4행연의 셋째 시구가 된다.

L'albatros

(Quatrains en alexandrins, à rimes croisées)

Charles Baudelaire

Souvent, pour s'amuser, les hommes d'équipage
Prennent des albatros, vastes oiseaux des mers,
Qui suivent, indolents compagnons de voyage,
Le navire glissant sur les gouffres amers.

A peine les ont - ils déposés sur les planches,
Que ces rois de l'azur, maladroits et honteux,
Laissent piteusement leurs grandes ailes blanches
Comme des avirons traîner à côté d'eux.

Ce voyageur ailé, comme il est gauche et veule !
Lui, naguère si beau, qu'il est comique et laid !
L'un agace son bec avec un brûle - gueule,
L'autre mime, en boitant, l'infirme qui volait !

Le Poète est semblable au prince des nuées
Qui hante la tempête et se rit de l'archer ;
Exilé sur le sol au milieu des huées,
Ses ailes de géant l'empêchent de marcher.

알바트로스

(포옹운에 12음절 시구로 된 4행연의 시)

샤를 보들레르(1821 - 1867)

가끔씩 재미로 선단의 뱃사람들은
거대한 바닷새 알바트로스를 잡는다.
고통의 심연 위로 미끄러지는 배를
무심히 따라 다니는 여행의 동반자들을.

선원들이 갑판 위에 내려놓자마자
그 창공의 왕들은 어설프고 수치스러워서
커다란 흰 날개를 가련하게 늘어뜨린다.
양 옆구리에 노를 질질 끌듯이.

날개 달린 이 여행자는 얼마나 서툴고 무력한가!
그토록 아름답던 그 새는 얼마나 우습고 추한가!
어떤 이는 담뱃대로 주둥이를 괴롭히고 또 누군가는
절뚝거리며 흉내낸다, 방금까지 날아다니던 그 불구자를!

시인이란 폭풍 속에 머물며 궁수를 비웃는
바로 저 구름 나라의 왕자와 닮았다네.
지상에 유배되어 야유 소리 가득 받는데
거대한 날개는 그의 걸음을 방해하고 있다네.

Brise marine

(Dizain suivi d'un sixain en rimes suivies)

Stéphane Mallarmé (1842 - 1898)

La chair est triste, hélas ! et j'ai lu tous les livres.
Fuir ! là - bas fuir! Je sens que des oiseaux sont ivres
D'être parmi l'écume inconnue et les cieux !
Rien, ni les vieux jardins reflétés par les yeux
Ne retiendra ce cœur qui dans la mer se trempe
Ô nuits ! ni la clarté déserte de ma lampe
Sur le vide papier que la blancheur défend
Et ni la jeune femme allaitant son enfant.
Je partirai ! Steamer balançant ta mâture,
Lève l'ancre pour une exotique nature !

Un Ennui, désolé par les cruels espoirs,
Croit encore à l'adieu suprême des mouchoirs !
Et, peut - être, les mâts, invitant les orages,
Sont - ils de ceux qu'un vent penche sur les naufrages
Perdus, sans mâts, sans mâts, ni fertiles îlots …
Mais, ô mon cœur, entends le chant des matelots !

바다의 미풍

(10행의 연 뒤에 6행의 연, 두 개의 시행으로 이어진 연속 각운)

스테판 말라르메(1842 - 1898)

아, 육체는 슬프다! 나는 책들을 다 읽었다.
떠나자! 저 멀리 달아나자! 나는 느낀다,
미지의 물거품과 하늘 사이에서 새들이 취해 있음을!
아무것도, 두 눈에 어리는 오래된 정원도
오 밤마다! 백색이 지키는 텅 빈 종이
그 위를 비추는 전등의 황량한 불빛도
어린 아기 젖 먹이는 젊은 아내도
바다에 빠져드는 이 마음 붙잡지 못하리라.
나는 떠나리라! 돛대를 흔드는 기선이여,
이국의 자연을 향해 닻을 올려라!

잔인한 희망들에 시달린 한 가닥 권태는
아직도 손수건들의 마지막 작별인사를 믿는구나!
그리고 폭풍우를 부르는 돛들은 어쩌면
한 줄기 바람에 난파 쪽으로 기울어지리라.
길을 잃고, 돛도 없이 돛도 없이, 풍요로운 섬도 없이…
그러나, 오 내 가슴이여, 뱃사람들의 노랫소리를 들어라!

Chanson d'automne

(Trois sixains en vers de 4 syllabes en rimes masculines et de 3 syllabes en rimes féminines)

Paul Verlaine (1844 - 1896)

Les sanglots longs
Des violons
  De l'automne
Blessent mon cœur
D'une langueur
  Monotone.

Tout suffocant
Et blême, quand
  Sonne l'heure,
Je me souviens
Des jours anciens
  Et je pleure,

Et je m'en vais
Au vent mauvais
  Qui m'emporte
Deçà, delà,
Pareil à la
  Feuille morte.

가을 노래

(6행시 3연, 4음절 시구 남성운과 3음절 시구 여성운)

폴 베를렌(1844 - 1896)

가을
바이올린의
긴 흐느낌
내 마음 아프게 하네
단조로운
서러움으로

시계 종소리
울릴 때
숨막힐 듯 창백히
지난 날들이
떠오르고
나는 눈물 흘리네

나는 떠나네
거친 바람 속으로
낙엽처럼
이곳 저곳으로
나를 실어가는
바람 속으로

Le dormeur du val

(Sonnet)

Arthur Rimbaud (1854 - 1891)

C'est un trou de verdure où chante une rivière,
Accrochant follement aux herbes des haillons
D'argent ; où le soleil, de la montagne fière,
Luit : c'est un petit val qui mousse de rayons.

Un soldat jeune, bouche ouverte, tête nue,
Et la nuque baignant dans le frais cresson bleu,
Dort ; il est étendu dans l'herbe, sous la nue,
Pâle dans son lit vert où la lumière pleut.

Les pieds dans les glaïeuls, il dort. Souriant comme
Sourirait un enfant malade, il fait un somme :
Nature, berce - le chaudement : il a froid.

Les parfums ne font pas frissonner sa narine ;
Il dort dans le soleil, la main sur sa poitrine,
Tranquille. Il a deux trous rouges au côté droit.

골짜기에 잠든 사람

(소네트)

아르튀르 랭보(1854 - 1891)

시냇물 졸졸대는 저기 풀밭이 움푹 패였네.
은빛 옷가지들 미친듯이 풀에 걸려 있네.
우뚝한 산 위로 태양이 빛나는 그곳,
햇살에 거품이 이는 작은 골짜기에.

젊은 군인 하나 입을 벌린 채, 모자도 없이,
목덜미는 서늘한 푸른 냉이 속에 담근 채,
잠들어 있네. 구름 아래 풀밭에 누워 있네.
햇빛이 눈물 흘리는 초록빛 잠자리에 창백하게.

두 발은 글라디올러스에 묻고 잠들어 있네.
아픈 아이처럼 미소 지으며 한숨 자고 있네.
자연아, 아이가 추우니 따뜻하게 다독여다오.

꽃향기들이 풍겨와도 콧구멍은 움직임이 없네.
한 손을 가슴에 얹고 햇빛 속에서 조용히 잠을 자네.
오른쪽 옆구리에 시뻘건 구멍 두 개 나 있네.

Les Pas

(Quatrains en octosyllabes, à rimes croisées)

Paul Valéry (1871 - 1945)

Tes pas, enfants de mon silence,
Saintement, lentement placés,
Vers le lit de ma vigilance
Procèdent muets et glacés.

Personne pure, ombre divine,
Qu'ils sont doux, tes pas retenus !
Dieux ! … tous les dons que je devine
Viennent à moi sur ces pieds nus !

Si, de tes lèvres avancées,
Tu prépares pour l'apaiser,
A l'habitant de mes pensées
La nourriture d'un baiser,

Ne hâte pas cet acte tendre,
Douceur d'être et de n'être pas,
Car j'ai vécu de vous attendre,
Et mon cœur n'était que vos pas.

발걸음

(10음절 시구로 된 4행연의 시, 교차운)

폴 발레리(1871 - 1945)

내 침묵의 자식들, 너의 발걸음들이
잠 못 드는 내 불면의 잠자리 쪽으로
성스럽게, 천천히 자리를 옮기며
말없이 차갑게 다가오누나.

순수한 인물, 신성의 그림자,
신중한 너의 발걸음들, 사뿐하구나!
신들이여!…내가 예감하는 모든 재능은
이렇게 맨발로 오는군요!

내 사유의 주인을 달래려고
네가 입술을 비죽이 내밀어
한 번의 입맞춤의 양식을
준비하고 있는 거라면,

있다가 없다가 하는 달콤함,
그 다정한 몸짓을 서두르지 말아다오,
나는 너희들을 기다리며 살아왔으니까
내 심장은 너희들의 발걸음일 뿐이었으니까.

Le Pont Mirabeau

(huit strophes : quatre strophes de quatre vers d'un nombre variable de pieds mais identique dans tous les quatrains entrecoupées d'un même refrain de deux vers de sept pieds)

Guillaume Apollinaire (1880 - 1918)

Sous le pont Mirabeau coule la Seine
Et nos amours
Faut - il qu'il m'en souvienne
La joie venait toujours après la peine

Vienne la nuit sonne l'heure
Les jours s'en vont je demeure

Les mains dans les mains restons face à face
Tandis que sous
Le pont de nos bras passe
Des éternels regards l'onde si lasse

Vienne la nuit sonne l'heure
Les jours s'en vont je demeure

L'amour s'en va comme cette eau courante
L'amour s'en va
Comme la vie est lente
Et comme l'Espérance est violente

미라보 다리

(8연의 시. 음보수의 변화가 많은 4행으로 된 연의 음보는 동일함.
7음보로 된 2행 시구로 동일한 반복 후렴으로 중간 나누기)

기욤 아폴리네르(1880 - 1918)

미라보 다리 아래 센 강은 흐르고
우리들의 사랑도 흘러간다
하지만 기억해야 하나니
괴로움 뒤엔 언제나 기쁨이 왔음을

밤이여 오라 종이여 울려라
세월은 가고 나는 여기 있다

손에 손을 잡고 가만히 얼굴을 마주 보자
우리가 두 팔을 마주잡고
다리를 이루고 있는 동안에도
영원한 눈길의 지친 물결은 아래로 흐른다

밤이여 오라 종이여 울려라
세월은 가는데 나는 여기 있다

흐르는 강물처럼 사랑은 가버린다
사랑은 가버린다
삶이 느린 것처럼
또 희망이 거친 것처럼

Vienne la nuit sonne l'heure
Les jours s'en vont je demeure

Passent les jours et passent les semaines
Ni temps passé
Ni les amours reviennent
Sous le pont Mirabeau coule la Seine

Vienne la nuit sonne l'heure
Les jours s'en vont je demeure

밤이여 오라 종이여 울려라
세월은 가는데 나는 여기 있다

나날은 가고 세월은 흘러라
지나간 시간도
사랑도 돌아오지 않는데
미라보 다리 아래로 센 강은 흐른다

밤이여 오라 종이여 울려라
세월은 가고 나는 여기 있다

Un petit clin d'œil pour finir...

Savoir - vivre

(Triolet)*

Puisqu'un jour il va la croiser
Le sage sait qu'il peut bien vivre.
Pour lui bien vivre c'est oser
Puisqu'un jour il va la croiser.

Sans se cacher il peut causer
Chanter, crier comme un homme ivre
Puisqu'un jour il va la croiser
Le sage sait qu'il peut bien vivre.

Jean-Charles Dorge, *Les Chemins étoilés (2014)*

(*) *Poème d'origine médiévale à forme fixe de huit vers, composé sur deux rimes et dont trois vers (le premier, le quatrième et le septième) sont identiques. Les deux premiers vers sont repris à la fin.*

마지막 눈요기로 시 한 편…

살아가는 법

(트리올레*)

언젠가는 그녀를 만날 것이기에
현자는 잘 사는 법을 알고 있지.
현자에게 잘 사는 것은 용감히 사는 것
언젠가는 그녀를 만날 것이기에.

숨길 것 없이 얘기할 수 있겠지
술에 취한 사내처럼 노래하고 고함치고
언젠가는 그녀를 만날 것이기에
현자는 잘 사는 법을 알고 있지.

쟝-샤를 도르주, 시집『별이 빛나는 길』수록 (2014)

(*) 트리올레: 8행으로 이루어진 정형시로 중세기 양식. 두 개의 각운으로 구성되며 그 중 세 시행(1, 4, 7)이 동일함. 첫 두개의 시행은 마지막에 반복됨.

Les mots du traducteur

La poésie française a exercé une grande influence sur le développement de la poésie moderne coréenne. Celle-ci trouve son point de départ dans la revue *Journal de la littérature occidentale*, fondée par le poète Kim Eok, à travers laquelle les poètes français furent introduits auprès du lectorat coréen. Le premier recueil de poésie occidentale traduite en coréen, *la Danse des tribulations*, a été publié peu de temps après. Il était presque entièrement consacré aux poètes français. Il convient aussi de noter que l'apparition du vers libre dans la poésie coréenne s'est produite à peu près à la même époque que son émergence en Europe occidentale. La poésie moderne coréenne a connu un développement rapide, en s'inscrivant dans le courant général de la littérature mondiale. Un autre point digne d'intérêt réside dans le fait que, bien que les poèmes français présentés dans *la Danse des tribulations* aient été principalement des poèmes à forme fixe du XIXe siècle, la traduction en coréen en a inévitablement altéré la structure, si bien qu'ils furent perçus, dans une certaine mesure, comme des vers libres. Ce phénomène présente un aspect positif : il permet aux lecteurs de se libérer des contraintes formelles pour se concentrer sur la singularité du regard et l'intensité émotionnelle du poète.

Dans l'histoire de la littérature, la poésie a longtemps été écrite dans le cadre de contraintes formelles rigoureuses. Ainsi, le terme même de « poésie », dans la sphère culturelle des sinogrammes, signifie l'unité de la forme et du sens, soulignant combien la poésie tend à contenir, dans la langue elle-même, un sens et une émotion

옮긴이의 말

프랑스 시는 한국 현대시 발전에 커다란 영향을 끼쳤다. 우리나라 현대시 전개의 기점은 시인 김억이 창간한 「태서문예신보」인데 이를 통해 프랑스 시인들이 소개되었다. 그리고 곧이어 나온 최초의 서구시 번역 시집 『오뇌의 무도』는 거의 프랑스 시인들로 채워졌다. 그러나 자유시로서의 우리 현대시의 출발은 사실상 유럽 자유시의 출발과 거의 같은 시기에 이루어졌다는 점을 주목할 필요도 있다. 그만큼 우리 현대시는 세계문학의 흐름에 발맞추어 빠르게 전개되었다. 한 가지 특기할 것은 『오뇌의 무도』에서 소개된 프랑스 시들이 거의 19세기 시인들의 정형시였음에도 불구하고 우리말 번역에서는 불가피하게 그 형식이 와해되어 어느 정도 자유시처럼 수용되었다는 것이다. 그래서 긍정적으로 보면 독자들이 형식에 구애되지 않고 시인의 고유한 시선과 깊은 감정에 집중할 수 있었다.

문학의 역사에서 오랫동안 시는 엄격한 형식적 제약 안에서 쓰였다. 한자 문화권에서는 시라는 말 자체가 언어 형식과 의미의 일체성을 뜻하는 데서 볼 수 있듯이 시는 언어 자체에 대체 불가의 의미와 감정을 담으려 한다. 달리 말하면 시의 역사는 오랜 형식적 탐구 끝에 비로소 시적 자유에 도달한 것이라 볼 수 있다. 프랑스 시의 역사도 마찬가지다. 프랑스 시는 중세 이래 20세기 초까지 정형시를 근간으로 하였고 아폴리네르에 이르러서 비로소 본격적인 자유시가 모습을 갖추었다. 장-샤를 도르주 프랑스 시인협회장이 편찬한 본 시선집은 5백 년이 넘

irremplaçables. En d'autres termes, l'histoire de la poésie ne saurait être perçue comme un cheminement vers la liberté poétique qu'au terme d'une longue exploration formelle. Il en va de même pour l'histoire de la poésie française. En effet, fondée sur le vers formel du Moyen Âge jusqu'au début du XXe siècle, la poésie française ne voit émerger le vers libre véritablement qu'avec Apollinaire. L'anthologie de poèmes ici présentée, éditée par le poète Jean-Charles Dorge, président de la Société des Poètes Français, retrace l'évolution de la poésie formelle française sur une période de plus de 500 ans, à travers une sélection d'œuvres représentatives. En particulier, l'analyse qu'il propose dans son commentaire offre des aperçus pertinents non seulement sur la structure de la poésie française classique, mais aussi sur les principes même de la construction poétique. Bien que le poète Dorge ait déclaré avoir offert cette anthologie en guise de présent aux poètes coréens, celle-ci constituera sans nul doute un guide précieux tant pour les amateurs de poésie que pour les chercheurs spécialisés dans la poésie française en Corée.

KIM Jin - ha

Professeur à l'Université Nationale de Séoul

는 긴 시간에 걸쳐 프랑스 정형시가 전개되어온 모습을 대표작들을 통해 보여준다. 특히 그가 요약적으로 제시한 정형시에 대한 해설은 프랑스 고전시의 형식에 대한 이해를 넘어 일반적으로 시의 구성에 대해 흥미로운 통찰을 제시한다. 도르주 선생은 이 시선집이 한국 시인들을 위한 것이라고 하지만, 한국의 시 애호자나 프랑스 시 연구자 모두에게 소중한 안내서가 될 것이다.

김진하

서울대학교 교수

프랑스 고전시 선집
Anthologie de la Poésie française classique

초판 1쇄 발행 _ 2025년 5월 30일

편 저 자 • 장-샤를 도르주
옮 긴 이 • 김 진 하
발 행 인 • 정 현 걸
발 행 • 신 아 사
인 쇄 • 한승문화
출 판 등 록 • 1956년 1월 5일 (제9-52호)
주 소 • 서울특별시 은평구 통일로 59길 4
전 화 • 02)382-6411 • 팩스 02)382-6401
홈 페 이 지 • www.shinasa.co.kr
E - MAIL • shinasa@daum.net

ISBN 979-11-7342-092-4 (03860)

정가 10,000원